Edith Marmon

Drache und Schlange – die heiligen Tiere der Göttin

Edith Marmon

Drache und Schlange – die heiligen Tiere der Göttin

Eine Wieder-Aneignung ursprünglicher weiblicher Symbole

1. Auflage 2012

Lektorat: Bettina Bremer, Rüsselsheim

Titelgestaltung unter Verwendung folgender Abbildungen:
o.l.: alt-anatolische Schlangengöttin (vermutlich 6000 – 5500 v. Chr.)
o.M.: Schlangendrache Mohuschuh auf dem Ishtar-Tor von Babylon (um 580 v. Chr.)
o.r.: Schlangengöttin von Kreta (um 1700 v. Chr., minoisch)
u.l.: Margareta von Antiochia, Buchillustration
u.M.: Eva und Lilith unter dem Lebensbaum, Holzschnitt (1470)
u.r.: Sphinx aus dem keltischen Fürstengrab Asperger Grafenbühl
(um 600 v. Chr., aus dem dorischen Kunstkreis)

Satz: Kerstin Weber, Nauheim

www.christel-goettert-verlag.de

ISBN 978-3-939623-41-0

für

Herrad
Tangmar
Uticha

Inhalt

Vorwort

Drachen und Schlangen gehören weltweit zu den ältesten Symbolen der Menschheit. Sie tauchen als ehrfurchtgebietende Chaosdrachen und furchteinflößende Urschlangen in den frühesten Schöpfungsmythologien auf. Sie symbolisierten immer die Ur-Mutter im Ur-Ozean und waren ursprünglich die heiligen Tiere der Ur-Göttinnen, die über Leben und Tod herrschten.

Später wandelten sie sich zu hochverehrten Symbol- und Kulttieren der vielgestaltigen Göttinnen und standen für überliefertes Wissen weiser Frauen von Heilkunde und Geburt. Der Chaosdrache und die mit ihm verwandte Urschlange waren deshalb allgemein bekannte Symbole des ewigen Lebens, der Wiedergeburt und gleichzeitig des Todes, was dieses Buch auch anhand kulturgeschichtlicher Zeugnisse zeigen möchte.

Im Laufe von Jahrhunderten, einhergehend mit der Entwicklung der patriarchalen Religions-, Kultur- und Gesellschaftsform, veränderte sich jedoch die Stellung der weiblichen Schöpfergöttin. Sie wurde im Mythos verfolgt, verdrängt, getötet von einem männlichen Schöpfergott. Und was mit den heiligen Tieren der Frauen im Mythos geschah, geschah auch den Frauen selbst: Sie wurden, wie die Bibel eindrücklich schildert, von ihren ureigensten Symboltieren, der Schlange und dem Drachen, und all dem, was diese verkörperten, abgespalten, und diese Abspaltung wurde und wird (nicht nur) in der praktischen Religionsausübung bis heute gelebt. Menschen, zumeist Frauen, die sich dagegen wehrten, wurden ebenso verfolgt, verdrängt und getötet wie die Göttin, die sie noch lange verehrten.

Mit der Schlange am Baum der Erkenntnis geschah ein Umdeutungsprozess, der das heilige Tier zum Symbol des Bösen und der Sünde werden ließ. Und die christliche Tradition machte die Frau zur Sünderin und Verführerin. Eva entwickelte sich zum Sinnbild weiblicher Verführbarkeit schlechthin, was in der christlichen Überlieferung gleichbedeutend ist mit allem Übel für die Menschheit.

Einhergehend mit dieser Entwicklung wurde ein jahrtausendealtes Wissen, das mit der Drachen- und Schlangensymbolik verbunden war, unterdrückt. So stand es nicht mehr direkt und selbstverständlich zur Verfügung und konnte nur noch verschlüsselt weitergegeben werden. Dies war und ist bis zum heutigen Tag die wirkliche Rolle von Märchen. Sie transportieren immer noch, und zwar in verdeckter Sprache, die alten, weisen Botschaften von Leben und Tod.

Dieses Buch unternimmt den Versuch, Frauen mit ihren ältesten angestammten Symboltieren Drache und Schlange und dem, wofür sie ursprünglich standen, wieder vertraut zu machen. Es verwendet ein Märchen, um mit dessen Hilfe Frauen an verschlüsseltes Wissen von den heiligen weiblichen Symboltieren heranzuführen.

Aus der Vielzahl von Märchen und Sagen, in denen Schlangen und Drachen eine wesentliche Rolle spielen, habe ich das Märchen »Der Schafhirt und der Drache« ausgewählt, weil an ihm besonders gut matriarchale Vorstellungen und zugleich der patriarchale Prozess der Umdeutung und der damit verbundenen Entwertung gezeigt werden kann. Die Interpretation des Märchens verdeutlicht, wo und wie der Bruch geschieht und wie Patriarchalisierungs- und Christianisierungsprozesse gespiegelt werden.

Ziel des Buches ist es, dass jede Frau der Schlange und dem Drachen eine individuelle Bedeutung für ihr Leben geben und sich damit wieder einen Zugang zu verschütteten spirituellen Kraftquellen eröffnen kann. Was diese Integration für den Alltag bedeuten kann, wird an Traumbeispielen, persönlichen Reflexionen und kleinen Sequenzen aus Therapiegesprächen von Frauen mit sehr unterschiedlichen Lebensthemen gezeigt.

Ich danke allen Frauen, die mir die Erlaubnis gaben, ihre Träume und Gedanken wiederzugeben. Außerdem danke ich ganz besonders meiner Tochter Uticha für ihre Unterstützung sowie Jasmin Brand, Katja Steinemann und Bettina Bremer.

Der Schafhirt und der Drache

Es war einmal ein Schafhirt, der wohnte hoch oben in den Bergen auf einer Alm. Wenn er die Schafe auf die Weide trieb, blies er gewöhnlich auf einer Hirtenflöte oder lag auf dem Erdboden und betrachtete den Himmel, die Berge, die Schafe und die grüne Wiese.

Einmal, es war im Herbst, gerade zu der Zeit, in der sich die Schlangen in das Innere der Erde zum Winterschlaf zurückziehen, lag unser Hirt wieder auf dem Erdboden, stützte den Kopf auf die Ellbogen und blickte vom Berg ins Tal.

Da wunderte er sich plötzlich: Zahlreiche Schlangen kamen von allen Seiten zu dem Felsen gekrochen, der dem Hirten unmittelbar vor Augen stand. Sobald sie ihn erreicht hatten, nahm jede Schlange ein Kraut, das dort wuchs, auf die Zunge und berührte den Felsen. Der öffnete sich, und die Schlangen verschwanden eine nach der anderen darin.

Neugierig erhob sich der Hirt, befahl seinem Hund Bello, die Schafe zurückzutreiben, und ging selbst zu dem Felsen. Er dachte bei sich: Ich muss doch einmal schauen, was das für ein Kraut ist und wohin die Schlangen kriechen. Das Kraut kannte er nicht. Als er es aber pflückte und den Felsen damit berührte, öffnete sich dieser auch vor ihm.

Der Schafhirt ging hinein und befand sich in einer Höhle, deren Wände von Gold und Silber glitzerten. Inmitten der Höhle stand ein goldener Tisch, und darauf lag zusammengeringelt eine riesige alte Schlange. Sie schlief. Rings um den Tisch lagen lauter Schlangen. Alle schliefen und rührten sich nicht, als der Hirt eintrat.

Dem Hirten gefiel die Höhle, und er ging einige Male darin auf und ab, doch dann überkam ihn die Langeweile, er erinnerte sich an die Schafe und wollte wieder auf die Alm, denn er dachte bei sich: Ich habe gesehen, was ich wollte, jetzt kehre ich zurück.

Es war leicht zu sagen: Jetzt kehre ich zurück. Aber wo ging es hinaus? Der Felsen hatte sich hinter dem Hirten geschlossen, als er die Höhle betreten hatte, doch was zu tun, was zu sagen war, damit sich der Felsen wieder öffnete, wusste er nicht, und deshalb musste er in der Höhle bleiben.

»Nun, wenn ich nicht hinaus kann, lege ich mich eben schlafen«, sagte er schließlich zu sich, wickelte sich in eine Decke, legte sich auf die Erde und schlief ein.

Es kam ihm vor, als hätte er nicht lange geschlafen, als ihn Rascheln und Wispern weckten. Er blickte sich um, denn er dachte, er liege in der Schäferhütte. Da sah er um sich die glitzernden Wände, vor sich den goldenen Tisch, auf dem Tisch die alte Schlange und rings um den Tisch eine große Menge Schlangen, die am goldenen Tisch leckten und nach einer Weile fragten:

»Ist es schon Zeit?«

Die alte Schlange ließ sie reden, doch schließlich hob sie langsam den Kopf und sagte:

»Es ist Zeit!«

Kaum hatte sie das gesprochen, streckte sie sich vom Kopf bis zum Schwanz wie eine Rute, kroch vom Tisch auf die Erde und begab sich zum Ausgang der Höhle. Alle Schlangen krochen ihr nach.

Der Hirt reckte und streckte sich, gähnte, stand auf und folgte den Schlangen. Er dachte bei sich: Wo die hingehen, dorthin gehe auch ich. Es ist leicht zu sagen: Dorthin gehe auch ich. Doch wie sollte das geschehen?

Die alte Schlange berührte den Felsen, der öffnete sich, und die Schlangen krochen eine nach der andern hinaus.

Als die letzte Schlange draußen war, wollte der Hirt ebenfalls hinaus, aber der Felsen schloss sich unmittelbar vor seiner Nase, und die alte Schlange zischte ihm mit pfeifender Stimme zu: »He, Mensch, du musst hierbleiben!«

»Ach, was sollte ich hier tun? Eine Wirtschaft habt ihr nicht, und schlafen kann ich auch nicht ewig. Lasst mich hinaus! Ich habe meine

Schafe im Pferch und zu Hause ein böses Weib. Das keift, wenn ich nicht rechtzeitig heimkomme«, sagte er.

»Du kommst nicht von hier fort, bevor du nicht einen dreifachen Schwur geleistet hast, dass du niemandem sagst, wo du gewesen und wie du zu uns gekommen bist!«, pfiff die Schlange.

Was sollte der Hirt tun? Er verpflichtete sich gern durch dreifachen Schwur, nichts zu sagen, nur um hinauszukommen.

»Wenn du deinen Eid nicht hältst, ergeht es dir schlecht!«, drohte die Schlange dem Hirten, als sie ihn endlich doch hinausließ.

Was für eine Veränderung war draußen vorgegangen! Dem Hirten begannen vor Schreck die Beine zu zittern, als er sah, wie sich die Zeit verändert hatte und dass statt des Herbstes der Frühling herrschte.

»Weh mir!«, klagte er. »Ich armer Mensch, was habe ich getan! Ich habe ja den Winter im Felsen verschlafen! Oh, meine Schafe, wo werde ich euch finden! Ach, was wird meine Frau sagen!«

So jammernd, ging er auf die Alm zu. Dort sah er seine Frau mit etwas hantieren. Da er auf ihre Vorwürfe noch nicht vorbereitet war, versteckte er sich erst einmal im Pferch.

Als er im Pferch saß, sah er, dass ein schöner Herr auf seine Frau zutrat, und hörte, wie er sie fragte, wo ihr Mann sei.

Die Frau des Hirten erzählte diesem Menschen unter Tränen, der Hirt sei eines Tages im Herbst mit den Schafen auf den Berg gegangen und nicht mehr zurückgekehrt; der Hund Bello habe die Schafe zurückgetrieben, der Hirt aber sei seither nicht mehr gesehen worden.

»Vielleicht haben ihn die Wölfe gefressen oder die Waldfeen haben ihn auf dem Berg in Stücke gerissen«, schloss die Frau ihren Bericht.

»Weine nicht, Frau!«, rief ihr da der Hirt vom Pferch aus zu. »Ich bin ja am Leben! Mich haben nicht die Wölfe gefressen und auch nicht die Waldweiber zerrissen, sondern ich habe den Winter im Pferch verschlafen.«

Damit war der Hirt aber nicht gut beraten, denn als seine Frau diese Worte hörte, trocknete sie ihre Tränen und begann wütend zu schimpfen:

»Da sollen doch tausend Blitze in dich fahren, du Narr, du Nichtsnutz! Du willst ein Mann sein? Was bist du für ein Hirt! Überlässt deine Schafe dem Zufall, kriechst in den Pferch und schläfst wie eine Schlange im Winter! Wer hat so etwas je gehört?«

Der Hirt musste seiner Frau innerlich recht geben, doch weil er die Wahrheit nicht sagen durfte, schwieg er und gab keinen Laut von sich. Der schöne Herr aber sagte zu der Frau, sie möge sich beruhigen, ihr Mann habe nicht im Pferch geschlafen, er sei ganz woanders gewesen, und wenn ihm der Hirt sagen werde, wonach er ihn frage, werde er ihm viel Geld geben.

Da giftete die Frau des Hirten noch mehr, weil ihr Mann sie belogen hatte, und wollte erst recht wissen, wo er gewesen sei. Wer weiß, was noch geschehen wäre, aber der schöne Herr versprach ihr Geld, damit sie schweige, und redete ihr zu, nach Hause zu gehen, er werde sich ihren Mann selbst vornehmen.

Als die Frau gegangen war, nahm der schöne Herr seine natürliche Gestalt an, und da sah der Hirt den Zauberer aus den Bergen vor sich stehen. Er erkannte ihn gleich, denn der Zauberer hatte in der Mitte der Stirn ein drittes Auge: Dieser Zauberer war ein ungemein mächtiger Mann, der sich in jede Gestalt verwandeln konnte, und wer es wagte, sich ihm entgegenzustellen, den verwandelte er auf der Stelle, beispielsweise in einen Widder.

Der Hirt zitterte am ganzen Körper, denn er hatte vor dem Zauberer noch mehr Angst als vor seiner Frau.

Der Zauberer fragte ihn, wo er gewesen sei und was er gesehen habe. Der Hirt erschrak über diese Fragen sehr. Was sollte er sagen? Er fürchtete die alte Schlange und den Bruch seines Schwurs, doch den dreiäugigen Zauberer fürchtete er auch. Als ihn aber der Zauberer zum zweiten Mal und schließlich zum dritten Mal mit drohender Stimme fragte, wo er gewesen sei und was er gesehen habe, als seine Gestalt vor ihm, wie ihm schien, ins Ungeheure wuchs, vergaß er seinen Schwur. Er bekannte, wo er gewesen war, was er im Felsen gesehen hatte und wie er dorthin gelangt war.

»Nun gut!«, sagte der Zauberer, »so komm mit, zeig mir den Felsen und das Kraut!«

Der Hirt musste mit ihm gehen. Als sie zum Felsen kamen, pflückte der Hirt das Kraut, berührte damit den Felsen und dieser öffnete sich. Der Zauberer aber wollte nicht, dass der Hirt hineingehe, auch er selbst ging nicht weiter, sondern er zog nur ein Buch heraus und begann darin zu lesen.

Der Hirt stand schreckensbleich daneben.

Da erzitterte plötzlich die Erde, aus dem Felsen ertönte ein Zischen und Pfeifen, und heraus kroch ein furchtbarer Drache, in den sich die alte Schlange verwandelt hatte. Aus seinem Rachen schlug Feuer, sein Kopf war schrecklich anzusehen, mit seinem Schweif schlug er nach links und nach rechts, und jeder Baum, den er traf, zerbarst.

»Leg ihm das Halsband um!«, befahl der Zauberer und reichte dem Hirten einen Gürtel, ohne die Augen vom Buch zu wenden.

Der Hirt nahm den Gürtel, aber er fürchtete sich, näher an den Drachen heranzutreten. Erst als es ihm der Zauberer zum zweiten und zum dritten Mal befahl, war er bereit, zu gehorchen.

Doch wehe dem Hirten! Als er dem Drachen das Band um den Hals legen wollte, drehte sich dieser nach ihm um, und ehe es sich der Hirt versah, saß er auf dem Rücken des Drachen und der erhob sich mit ihm über die Wälder.

In diesem Augenblick wurde es dunkel, nur die Flammen, die dem Drachen aus Maul und Augen schlugen, leuchteten ihnen auf den Weg. Die Erde erbebte, Steine fielen hinab. Wütend scheuerte sich der Drache die Seiten, und jede Buche, jede Tanne, die er streifte, knickte er wie eine Rute, und er spie so viel Wasser auf die Erde, dass es die Berge hinabrann wie die Waag. Es war entsetzlich, und der Hirt starb fast vor Angst.

Allmählich aber verrauchte der Zorn des Drachen, er schlug nicht mehr mit dem Schwanz um sich, hörte auf, Wasser zu speien, und aus seinem Maul schlugen keine Flammen mehr.

Der Hirt kam zu sich und glaubte, der Drache lasse sich wieder zur Erde hinab, aber es war noch nicht genug. Der Drache schien ihn noch weiter bestrafen zu wollen. Langsam, ganz langsam hob er sich höher und höher über die Berge, bis die gewaltigen Höhen und Gipfel nur noch wie Ameisenhügel erschienen. Erst als der Hirt nichts mehr sah als die Sonne, die Sterne und die Wolken, blieb der Drache mit ihm in der Luft stehen.

»Ach, Gott, was soll ich beginnen? Da hänge ich nun in der Luft. Springe ich hinunter, erschlage ich mich, und in den Himmel kann ich auch nicht fliegen!«

So jammerte der Hirt und begann bitterlich zu weinen.

Der Drache erwiderte nichts.

»Ach, Drache, großmächtiger Herr, erbarmt euch«, bat er den Drachen nach einer Weile. »Fliegt wieder hinab, ich schwöre euch bis zu meinem Tode nicht mehr zu erzürnen.«

Ein Stein hätte sich des armen Hirten erbarmt, aber der Drache schnaubte nur, sagte kein Wort und rührte sich nicht von der Stelle. Da drang plötzlich an das Ohr des Hirten die Stimme einer Lerche. Der Hirt empfand darob unbändige Freude. Immer näher kam die Lerche zu ihm. Als sie sich über seinen Kopf erhob, bat der Hirt:

»Lerche, du gottgefälliger Vogel, ich bitte dich, flieg zum himmlischen Vater und berichte ihm von meiner Not! Sag ihm, dass ich ihn grüßen lasse und seine Hilfe erflehe!«

Die Lerche flog zum himmlischen Vater und überbrachte ihm die Bitte des Hirten. Da erbarmte sich seiner der himmlische Vater, schrieb mit goldener Schrift etwas auf ein Birkenblatt, legte dieses Blatt der Lerche in den Schnabel und trug ihr auf, es auf den Kopf des Drachen fallen zu lassen.

Die Lerche flog durch die Lüfte, und als sie sich über dem Kopf des Drachen befand, ließ sie das mit goldenen Lettern beschriebene Birkenblatt auf ihn hinabfallen.

Im selben Augenblick flog der Drache mit dem Hirten zur Erde nieder. Als der Hirt zu sich kam, sah er, dass er bei seiner Hütte auf der Alm stand und dass sein Hund Bello die Schafe zurücktrieb.

Märchen aus Tschechien
nach Bozena Nemcova

Die heilige Schlange führt in die Unterwelt

Schlangensymbolik und Selbsterkenntnis

*Ein Weg bildet
sich dadurch,
dass er begangen
wird.*
Chuang Tzu

Die Hauptperson unseres Märchens ist ein Schafhirte, der hoch oben in den Bergen auf einer Alm wohnt. Auf idealisierende Weise wird uns hier das schlichte und einfache Leben vorgeführt, das er dort oben lebt: Er bläst entweder auf seiner Hirtenflöte, oder er betrachtet sorglos die Umgebung, in der er lebt: die Berge, die Wiesen, seine Schafe und den Himmel. Das Leben des Hirten, das hier so romantisiert beschrieben wird, ist aber mehr als nur eine naive Erzählung vom Hirtendasein in der Abgeschiedenheit der Berge. Es hat vielmehr eine wesentlich tiefere Bedeutung:

Der Hirt war ursprünglich ein Urbild und kennzeichnete ein einfaches, auf sich gestelltes Leben in der Natur und bei den Herden. Trotz oder gerade wegen dieser Einfachheit stand der Hirt für etwas ganz Besonderes: Bereits in den frühesten Kulturen des Orients, Vorderasiens, Indiens, Ägyptens und ebenso im jüdischen Kulturraum wurde der Hirte mit Königswürde und göttlicher Repräsentation in Verbindung gebracht. Hirtengötter waren beispielsweise die ägyptischen Götter *Osiris* und *Anubis*, der phrygische *Attis* und der griechische *Hermes*. Die assyrisch-babylonischen Gott-Könige wurden als »Schafhirten des Volkes« angesprochen und trugen Embleme ähnlich denen eines Hirtenstabes. *Osiris* war der gute Schafhirte der Seelen nach dem Tod und trug als Emblem einen Krummstab. König

David war, dieser Tradition entsprechend, ebenfalls ursprünglich ein Hirte, und im Christentum wird *Jesus* als der »gute Hirte« tituliert. Der »gute Hirte« sorgt sich um seine Herde, und das sind die Gläubigen.

In vielen Kulturen dienten Stäbe mit einer Krümmung am oberen Ende den Hirten zum Festhalten von Herdentieren an Hörnern und Beinen. Aus ihnen wurden Insignien entwickelt, die politische bzw. religiöse Bedeutung hatten. Im Vorderen Orient wurde ein einfach gekrümmter Stab in der Hand von Herrschern, Priestern und Göttern bei Beschwörungen benutzt. Wenn der Krummstab kultische Funktion hatte, könnte, so wird vermutet, die Spitze am oberen Ende beim Einteilen des Himmelsraumes und der Erde gedient haben. Spätere römische Kaiser trugen den Priesterstab der Auguren (römische Weissager), da auch er ein Emblem der Herrschaft war. In dieser Form wurde der Krummstab in die christliche Religion übernommen. Zusammen mit Ring und Mitra bildet er in der katholischen Kirche bis heute das Amtsinsignium der Bischöfe, Äbte und des Papstes. Der Krummstab verbindet eine Führungs- mit einer priesterlichen Funktion, wird also im übertragenen Sinn wieder zu einem Hirtenstab.

Ein verbreitetes Motiv auf mittelalterlichen Bischofsstäben war oft ein Drache oder eine zusammengerollte Schlange. Im sakralkirchlichen Bereich wirkt die Symbolfigur des guten Hirten bis heute nach und erscheint in üblichen Bezeichnungen wie Pastor (aus dem Lateinischen = Hirte), Pastoraltheologie oder Hirtenbrief.

Für das Verständnis unseres Märchens ist diese Bedeutung des Hirten als Repräsentant der göttlichen Königswürde sehr wichtig. Denn in symbolischer Sprache wird damit ausgedrückt, dass es nicht irgendwer ist, der die Begegnung mit den Schlangen und dem Drachen erlebt, sondern eben ein ganz besonderer Mensch. Da eine derartige Begegnung nicht im Leben eines jeden Menschen vorkommt, ist er ein »Auserwählter« – auch dies übrigens ein Sakraltitel, der auf die Besonderheit des nun folgenden Geschehens hinweist.

Die Jahreszeit, in der das Märchen spielt, ist ebenfalls von Bedeutung: Es ist Herbst, und das ist nicht nur die Zeit der Reife und Ernte, sondern zugleich auch diejenige Zeit im Jahreskreislauf, in der die Natur sich allmählich zurückzieht, um ihre Kräfte zu sammeln. Mit der Herbst-Tagundnachtgleiche treten wir in die dunkle Hälfte des Jahres ein. Da sich die Tagkräfte mehr und mehr zurückziehen – wie die Schlangen –, können wir in dieser Zeit die Aufmerksamkeit auf die inneren Vorgänge der Wandlung und Entwicklung lenken.

Nach dem Verständnis matriarchaler Mythologie befinden wir uns im Herbst und Winter im Erdkessel der Göttin – ihrer Höhle –, in dem sich die Lebenskräfte sammeln und erneuern.

Das klassische Beispiel für die Rituale der Herbst-Tagundnachtgleiche sind die Eleusinischen Mysterien, die in Griechenland noch bis ins Jahr 381 n. Chr. stattfanden. In der griechischen Mythologie blieb die mächtige Korngöttin *Demeter* im Herbst als trauernde Mutter zurück, um ihre in die Unterwelt entführte Tochter *Persephone* zu suchen. Demeter selbst war die Göttin der Fruchtbarkeit und der Pflanzen (vgl. Abb. 1 u. 2; dort sehen wir bereits die Große Göttin mit der Schlange, einem ihrer bedeutendsten Symbole, das wohl auch für den Schutz des häuslichen Lebens, der Familie und aller zum Haus gehörenden Tiere stand; vgl. Gimbutas 1996.)

Viel spricht dafür, dass es sich beim *Demeter-Persephone*-Mythos in einer alten mythologischen Schicht vermutlich um einen Doppelaspekt der Großen Göttin handelte, die Leben hervorbringen und gleichzeitig auch nehmen konnte. Die Ikonografie von weiblichen Doppelidolen, die bis in die Jungsteinzeit zurückreicht und weit ver-

Abb. 1: Die göttliche Demeter vor dem Schlangenhaus sitzend (450 v. Chr., griechisch)

breitet war, wie die Urgeschichtsforscherin und Anthropologin Marija Gimbutas mit ihren Forschungen und Ausgrabungen belegen konnte (vgl. Gimbutas 1995), spricht für diese Dualität von Vegetationsgöttinnen. (Gabriele Meixner wies darauf hin, dass die Vielzahl der Doppelidole zudem auch auf weib-weibliche Bindungen im alltäglichen Leben von Frauen hindeuten könnte.) Übertragen auf den *Demeter-Persephone*-Mythos könnte diese Dualität von Göttinnen bedeuten, dass es sich bei *Persephone* nicht um die der Mutter geraubte Tochter handelt, sondern um eine ihr ebenbürtige Göttin, die das Wissen um die Gesetzmäßigkeiten der winterlichen Hälfte des Naturzyklus repräsentierte. Im Herbst wechselt dann die Macht von der Hand der einen Göttin in die der anderen, und beide sind gleichermaßen für den Zyklus verantwortlich. So ist es möglich, den Naturzyklus als Ganzes zu begreifen, da alle Aspekte untrennbar miteinander verbunden sind: Eine Stufe oder Phase bedingt die andere. Der Tod der Blüte bringt die Geburt einer Frucht, und deren Tod ist die Bedingung für die Entstehung eines neuen Keimes, der wie-

Abb. 2: Demeter mit Getreideähren, Mohnkapseln und Schlangen (3. – 2. Jh. v. Chr., griechisch)

derum zur Blüte wird. Im zyklischen Rhythmus folgt auf die Vollendung jeder Stufe ein Abstieg, der wieder zu einem Aufstieg führt. So gedeutet spiegelt dieser älteste griechische Mythos auch die große menschliche Erfahrung vom Abstieg in die Finsternis, in Krisen und Depressionen, zeigt die Begegnung mit der eigenen seelischen Dunkelheit und der anschließenden Wiederauferstehung ins Licht.

Der älteste bekannte Mythos, der das Motiv des Hinabgehens in die Unterwelt aufgreift, ist der sumerische *Inanna-Ereshkigal*-Mythos, der aus dem 3. Jahrtausend v. Chr. stammt. In ihm muss *Inanna*, die Himmelskönigin, zu ihrer dunklen Schwester *Ereshkigal* absteigen, um zur Vollkommenheit zu gelangen. Auf diesem rituellen Weg in die Unterwelt muss sie alle Herrschaftsattribute wie z. B. ihre Krone und ihren Schmuck ablegen, bis sie völlig gedemütigt ist, um dann schließlich wieder aus der Unterwelt aufsteigen zu dürfen.

»Hoch droben im Großen Oben stellte Inanna die Ohren auf
und horchte auf das Große Unten …

Inanna verließ Himmel und Erde, um in die Unterwelt hinabzusteigen …
Als sie durch das erste Tor eintrat,
wurde ihr die schugurra, die Krone der Steppe, vom Haupt genommen.«

Beim zweiten Tor werden ihr die kleinen Lapisperlen vom Hals genommen.
Beim dritten Tor nimmt man ihr den doppelten Perlenstrang von der Brust …
Jedes Mal fragte die Göttin aufs Neue:
»Was ist das?«
Und jedes Mal erhält sie zur Antwort:
»Still, Inanna, die Wege der Unterwelt sind vollkommen.
Sie dürfen nicht in Frage gestellt werden.«
…
»Nackt und gebeugt kam Inanna zum Thronsaal hinein
…
Inanna wurde zum Leichnam
Ein Stück faulenden Fleisches,
Und an einem Haken an der Wand aufgehängt.«

(Zit. nach Zingsem 1999a, S. 42 – 46)

Einen sehr ähnlichen Text gibt es zum Abschied der Göttin *Ischtar* in die Unterwelt:

»Der Torwächter trat ein und meldete Ereschkigal:
›Sieh da, deine Schwester Ischtar wartet draußen vor dem Tor …‹
…

Als er sie zum ersten Tor hereinließ,
Nahm er ihr die große Krone vom Haupt.
...
Als er sie zum zweiten Tor hereinließ,
Nahm er ihre Ohranhänger ab.
›Warum, o Torwächter, nimmst du mir die Ohranhänger weg?‹
›Tritt ein, meine Herrin, es sind nun einmal die Gesetzte der Unterweltherrscherin‹«

(Zit. nach Zingsem 1999a, S. 63 u. 64)

Psychologisch gesehen bedeutet dieser unfreiwillige Weg einen Abstieg in die Niederungen unserer Persönlichkeit. C. G. Jung nennt das die Konfrontation mit unserem »Schatten«. Wir erleben uns in solchen »Schattensituationen« so, wie wir uns nicht haben wollen und wie wir uns schlecht aushalten, nämlich als schwach, hilflos, zerbrechlich und oft gedemütigt. Wir empfinden das so, als ob wir nicht mehr wir selbst seien oder neben uns stünden. Häufig verlieren wir in solchen Situationen unsere Selbstachtung, und unser Selbstwertgefühl wird stark in Frage gestellt. Unser Selbstbild wird instabil und gerät ins Wanken. Unser Gefühl für unsere gewachsene Identität und unsere Lebenszusammenhänge, die bisher Sicherheit vermittelt haben, schwindet. Wir erfahren in existenziellen oder lebensbedrohlichen, traumatischen Belastungen, wie bei einer Krankheitsdiagnose oder einem Unfall, schmerzlich die ungeliebte Seite unserer selbst und sind in unserem Sein tief erschüttert.

Wenn wir aber eine Krise gut bewältigt haben, wird dies unsere bisherige Selbstwahrnehmung verändern. Es besteht dann die Chance, dass wir mit unserer anderen, ungeliebten Seite vertrauter werden und uns letztlich irgendwann mit ihr versöhnen, d. h. mit Achtsamkeit annehmen, dass wir auch schwach und ängstlich sein können.

Es ist ein ausgesprochen schwieriger und auch langwieriger Prozess, den eigenen Schatten kennenzulernen, und er spielt sich oft im Kleinen und Unscheinbaren ab. Er bedeutet letztlich, einen Entwicklungsweg zu gehen, auf dem wir nicht nur einem Ich-Ideal huldigen, sondern auf dem wir zu einem besser ausgeglichenen Selbstbild kommen, das eben auch andere, ungeliebte Persönlichkeitsanteile integriert und weiß, dass es sie gibt. Das würde bedeuten, dass ich zugebe, eben nicht nur ein freundlicher, höflicher und sympathischer Mensch zu sein, sondern auch einer, der aggressiv, unfreundlich, ungeduldig oder ängstlich und schwer zu ertragen ist.

Auch die Unterweltgöttin *Persephone* wurde in der griechischen Antike mit der Schlangensymbolik in Verbindung gebracht: So wird im Archäologischen Museum von Jerapetra auf Kreta eine Statue der *Persephone* oder einer Priesterin der *Persephone* aus dem 4. Jh. v. Chr. gezeigt, die auf dem Kopf einen kleinen Altar trägt, der von zwei Schlangen flankiert wird. In der Domschatzkammer von Aachen befindet sich ein römischer *Proserpina*-Sarkophag (*Proserpina* ist der römische Name für *Persephone*) aus dem 3. Jh. n. Chr., auf dem der Raub der Proserpina ebenfalls mit einer gewaltigen Schlange als Unterwelttier zu sehen ist. Der zweiköpfige Schlangendrache, der den Wagen der Verfolgergruppe mit der Fruchtbarkeitsgöttin *Ceres* (= *Demeter*) zieht, verfängt sich mit seinem Schwanz im Rad, und so kann *Ceres* ihre Tochter *Proserpina* nicht einholen (vgl. Abb. 3).

Unser Hirt aus dem Märchen beobachtet nun Schlangen, die sich recht sonderbar verhalten. Einem alten Volksglauben entsprechend mussten die Schlangen zwar bis Mariä Geburt (8. September) in ihren Löchern verschwunden sein, aber diese Schlangen verkriechen sich nicht nur einfach in der Erde, sondern sie öffnen mit einem bestimmten Kraut, das dem Hirten unbekannt ist, einen Felsen.

Abb. 3: Proserpina-Sarkophag (Anfang 3. Jh. n. Chr., römisch)

Magische Steine bzw. Felsen, die sich öffnen, sind uns aus vielen Märchen oder Sagen bekannt. Entweder öffnet sich dort der Fels zur Rettung des Helden oder der Heldin oder aber er verbirgt kostbare Schätze und lässt die Auserwählten ausnahmsweise in die Höhle hinein. Auf jeden Fall ist es immer ein besonderer, magischer Moment, wenn sich der Stein öffnet, sei es durch Beschwörungsformeln, Rituale oder, wie in unserem Fall, durch magische Kräuter.

Die zahlreichen Sagen um geheimnisvolle Steine überliefern immer vorgeschichtliche Mythen oder Kulthandlungen, die über Tausende von Jahren menschliches Bewusstsein und Handeln geprägt haben.

Die Steinverehrung geht bis in die Jungsteinzeit zurück. Steine markierten u.a. Grabstätten und Eingänge ins Jenseits, die Anders-

Abb. 4: Eingangstein zum Grabhügel von New Grange (ca. 3 200 v. Chr., Irland)

welt (vgl. Abb. 4). Diese Steine wiesen oft Gravierungen in Form von Spiralen oder Schlangenlinien auf.

Im Steinkult zeigt sich auf der ganzen Welt eine alte Naturphilosophie, die überall mit der ursprünglichen Ahnenverehrung verbunden war. Der Landschaftsmythologe Kurt Derungs bezeichnet den Steinkult als weiblich und spricht demzufolge von »Ahninnen-Steinen«: In den sakralen Steinen »erkennen die Menschen ihre alte Mythologie wieder, die primär eine Ahninnenverehrung war. Diese Ahnin verkörpert sich in einem Stein … In ihm sah man eine Ahnin, Schöpferin, die Quelle des Lebens und die Herkunft der Sippen. Die Ahnin war Beschützerin, Heilerin, Bewirkerin der menschlichen, tierischen und pflanzlichen Fruchtbarkeit sowie die Tod-im-Leben-

Frau, zu der die Verstorbenen gelangen.« Da die Menschen glaubten, dass der Tod nur eine Art Jenseitsfahrt sei, war die Ahnin im Stein auch die Garantin für eine Wiederkehr aus dem Jenseits. Derungs weist darauf hin, dass sich aus diesem Grund in matriarchalen Kulturen die ältesten Spuren des Ahninnen-Steinkults finden lassen. Außerdem seien es immer wieder Frauen, die in Verbindung zu diesen Steinen stünden. »Und selbst heute noch, in einem patriarchalen Umfeld, finden wir unzählige Spuren eines einstigen Ahnin-Steinkultes, wenn wir zum Beispiel an die Grotte von Lourdes denken oder an den schwarzen Stein der Kaaba in Mekka. Wir können hier von einem vereinnahmten Göttinkult sprechen, sehen aber auch, dass beide Orte wesentlich von einer Großen Ahnfrau in Stein leben.« (Derungs, S. 126f.)

Ein besonders schönes Beispiel zeigt die Funktion von Ahninnen-Steinen in der nepalesischen Stadt Bhaktapur: An den Wegkreuzungen der 24 Quartiere, in die die alte Königsstadt eingeteilt ist, stehen die sog. Chwasa-Steine, die »Ajma« (Großmutter) genannt werden. An ihnen legen die Bewohner des jeweiligen Viertels, vermutlich in einer Art Reinigungsritual, »unreine Speisen, die Plazenta und die Nabelschnur Neugeborener, Kleider von Verstorbenen sowie einmal jährlich unbrauchbar gewordene Tonwaren« ab. (http://de.wikipedia.org/wiki/Bhaktapur)

Außerdem gibt es in Bhaktapur im Königspalast einen Brunnen mit einer riesigen Schlangenskulptur als Schutzgottheit.

Als der Hirt beobachtet, wie die Schlangen mit Hilfe eines Krautes den Felsen öffnen, können wir bereits spüren, dass unser Märchentext mit seiner Verwendung von großen kollektiven Symbolen eine Art zweite Erzählebene eröffnet. Während es ein Vordergrundszenario um eine einfache Person wie den Hirten gibt, entsteht gleichzeitig ein beeindruckendes Hintergrundbild mit der gewaltigen Symbolkraft von Hirte, Schlange, magischer Pflanze, Unterwelt, Steinkult und dem eigentlichen Inhalt der Geschichte.

Die Schlangen verwenden zum Öffnen der Höhle die Magie einer ganz besonderen Pflanze. Sie werden uns hier also als Erstes im Zusammenhang mit Kräuterwissen präsentiert. Dies entspricht einem überlieferten Volksglauben, demzufolge das Essen von Schlangenfleisch reiches Wissen und besonders gute Kenntnis von Heilkräutern verleihen soll.

In der Volksmedizin wurde die Schlange sehr häufig als Heilmittel verwendet, wobei die Grenze zum Zauber fließend war. Da die Schlange von alters her in der europäischen Mythologie als heilig galt, lag natürlich auch der Glaube an eine heilbringende Schlange nahe. Maria Gimbutas bezeichnet die Schlange als »transfunktionales« Symbol, gerade in Verbindung mit magischen Pflanzen. Eine sich nach oben windende Schlange symbolisierte dementsprechend Lebenskraft, die in dieser Funktion austauschbar war mit dem Lebensbaum.

Auch im Volksglauben wurde der Schlange die Fähigkeit zugeschrieben, Krankheit und Tod abzuwehren, und es wurde davon ausgegangen, dass sie dank ihrer Klugheit das heilende Lebenskraut besitze. Sie wurde für ein zauberkräftiges Tier gehalten, das entweder von sich aus magische Handlungen ausführen oder aber zu magischen Zwecken benutzt werden konnte. Besonders im Allgäu und in den Alpen wurden dementsprechend von alters her Rosenkränze aus Schlangenwirbeln gefertigt, die als besonders zauberkräftig galten, denn sie verbanden perfekt die neue christliche und die ältere »heidnische« Religion. Die Vielzahl von überlieferten Schlangenamuletten zeigt außerdem, dass die Menschen glaubten, die Schlange könne ihnen besondere Eigenschaften, Kräfte und Schutz verleihen. Allerdings wurde die Schlange aber auch immer ambivalent gesehen, denn sie konnte mit ihrem Gift heilen und gleichzeitig töten. So trägt z. B. in Albrecht Dürers Werk »Ritter, Tod und Teufel« der Tod eine Krone aus Schlangen.

Abb. 5: Marmor-Relief der »Schlangenfrau« aus der Kirche von Oô in den Pyrenäen mit einer Schlange, die von der Vulva zur Brust kriecht; von Angela Monika Auerbach als Göttinnenabbildung gedeutet und dem Euronyme-Schöpfungsmythos zugeordnet.

Schlangengifte wurden schon seit der Antike als Arzneien eingenommen und diese Tradition wurde lange beibehalten. Bis ins 18. Jh. hinein waren Schlangen auch in Europa noch medizinische Handelsartikel, aus denen z. B. Vipernbouillon oder Schlangentee zubereitet wurde. Es gab auch spätestens seit der Antike unzählige Rezepturen, die Schlangenbestandteile beinhalteten (vgl. Handwörterbuch des deutschen Aberglaubens). In der klassischen Homöopathie werden ebenfalls bis heute Schlangengifte (vgl. Crotalin), u. a. von der Klapperschlange und der Aspisviper, verwendet.

Die Schlange ist eines der ältesten, allumfassenden Symbole weiblicher Macht, das weltweit auftaucht. Frau und Schlange wurden gleichermaßen als heilig betrachtet, da angenommen wurde, dass sich in beiden die Kraft des

Lebens verkörpere. Schlangen wurden für unsterblich gehalten, weil geglaubt wurde, dass sie sich durch das Abstreifen ihrer Haut immer wieder erneuern könnten, so wie eine Frau immer wieder gebären und neues Leben schenken kann. In der Mythologie ist die Schlange deshalb vorwiegend eine weibliche Gottheit. Ursprünglich wurde die Schlange sogar mit der Großen Göttin gleichgesetzt und sie fehlte in kaum einem alten Schöpfungsmythos. Ein schönes Beispiel hierfür ist auch der frühe griechische Schöpfungsmythos von Eurynome und Ophion, wo die Schlange der Göttin beigegeben wurde (vgl. Abb. 5).

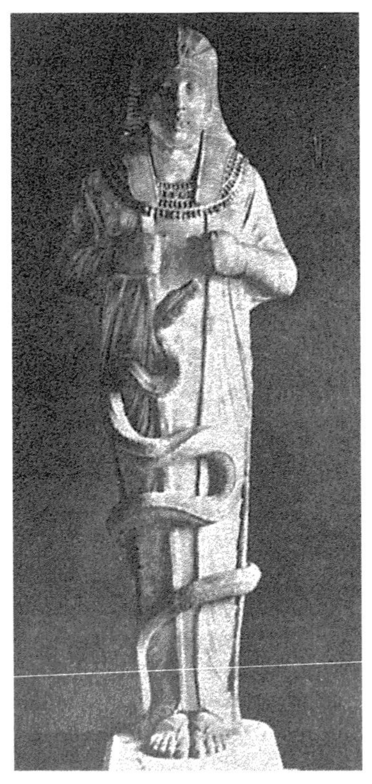

Abb. 6: Atargatis (Dea Syria)

Schlangenspiralen auf Tonsiegeln weisen darauf hin, dass schon um die Mitte des 7. Jahrtausends v. Chr. die Spirale als Symbol der Göttin in ihrer Erscheinungsform als Schlange galt.

Die Große Göttin in Form der Schlange oder in enger Verbindung mit ihr ist weltweit in Mythen vertreten. So gibt es z. B. die syrische oder aramäische Göttin *Atargatis* mit Schlange (vgl. Abb. 6), die hinduistische Schlangenmutter *Ananta*, die den Schöpfergott *Vishnu* in seiner ruhenden Phase umarmt, die Schlangengöttin der Khmer in Angkor Wat, in China die Schlangengöttin *Mat Chinoi*, die indische Schlangengöttin *Kadru* oder auch die Regenbogenschlange der austra-

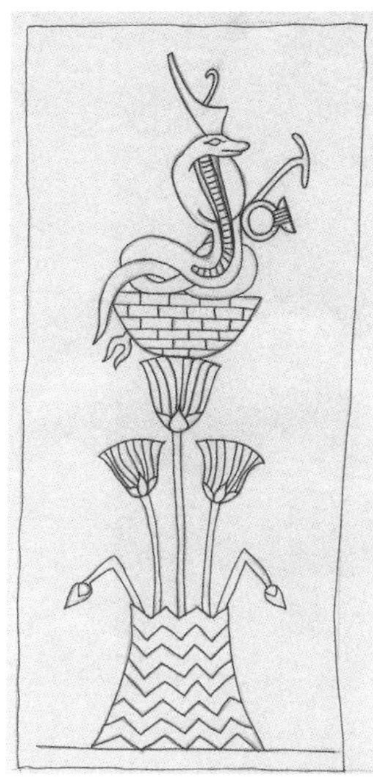

Abb. 7: Uto, ägypt. Fruchtbarkeitsgöttin und Landesgöttin von Unterägypten in Schlangengestalt

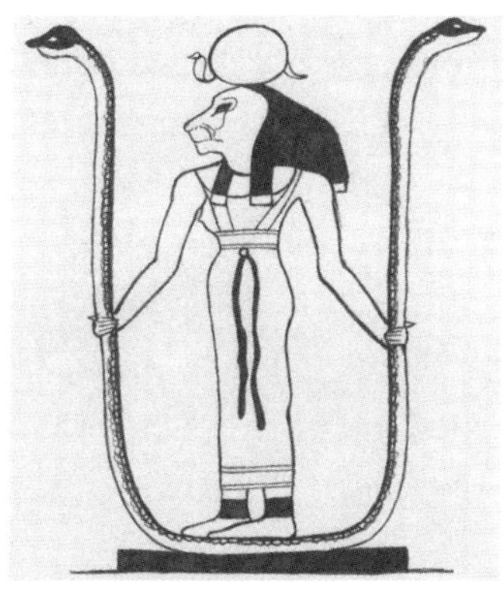

Abb. 8: Sachmet, ägyptische Kriegs-, Arzt- und Heilgöttin

lischen Aborigines. In Nepal gibt es zahlreiche Statuen, die *Buddha* mit Schlangen zeigen.

Die Schlange war auch eine der ältesten Göttinnen-Figuren im Alten Ägypten und wurde dort als himmlische Schlange bezeichnet, die Leben spendet. In Form der Kobra zierte sie als Uräus, d. h. »die sich Aufbäumende«, die Krone der Pharaonen und wurde seit frühester Zeit mit der Schlangengöttin *Uto*, die für Fruchtbarkeit stand, in Verbindung gebracht. Als Symbol in den Kronen der Herrschenden hatte sie Unheil abwehrende Funktionen (vgl. Abb. 7). Diese Bedeutung hatte sie auch in den ägyptischen Totenbüchern. Sachmet, die ägyptische Kriegs-, aber auch Arzt- und Heilgöttin, wurde dementsprechend auf zwei Schlangen stehend gezeigt (vgl. Abb. 8).

Als *Gorgo* oder *Medusa* stellte die Schlange in der antiken griechischen Mythologie eine Schutzmaske dar, das sog. »Gorgonenhaupt«, das ein schreckliches Antlitz mit Schlangenhaaren zeigte, dessen Anblick die Betrachtenden abschrecken sollte und zu Stein erstar-

Abb. 9: Gorgo, zentrale Figur im Westgiebel des um 600 v. Chr. erbauten Artemis-Tempel auf Korfu

ren ließ (vgl. Abb. 9). Die *Gorgonen* waren ursprünglich archaische Göttinnen und bildeten eine Schwestern-Trinität, deren Namen *Medusa*, *Stheino* und *Euryale* waren: Weisheit, Stärke und Vielseitigkeit. *Medusa* selbst war eine der drei Hesperiden, die die goldenen Äpfel hütete. Nach Barbara G. Walker leitete sich die abschreckende Funktion des Gorgonen-Antlitzes von seiner wirklichen Aufgabe ab, die Geheimnisse der Mysterienkulte der Großen Göttin zu schützen.

Auch der griechische Heilgott *Asklepios* führte in seinem Emblem, dem sog. Aesculap-Stab, die heilkräftige Schlange mit sich. *Asklepios* ist in der Mythologie der Vater oder auch der Sohn der Göttin *Hygieia* (= Gesundheit) (vgl. Abb. 10), die laut Barbara G. Walker eine Variante der Göttin Rhea ist. Rhea wiederum ist die Tochter der *Gaia* und Mutter der *Demeter*. Die heilende Schlange war das Zeichen der ganzen Götterfamilie und sie ist noch bis in die heutige Zeit

Abb. 10: Hygieia, griechische Göttin der Gesundheit, mit Schlange und Asklepios, der hier als ihr Kind dargestellt ist

das Zeichen der Ärzte. Der Ursprung des Schlangenstabes des *Asklepios* findet sich wiederum in Mesopotamien: Dort stellten verschlungene Schlangen den Unterwelt- und Heilgott *Ningishzida* dar, der ein Liebhaber der babylonischen Göttin *Ishtar* war. Bei diesem Gottes-Symbol handelte es sich um einen Stab, um den sich eine doppelgeschlechtliche Schlange mit zwei Köpfen ringelte, die den Namen *Sachan* trug (vgl. Walker 1997, S. 129). (Vgl. Abb. 11)

Auf die Heilkunde bezogen ist die Schlange auch das Tier der *Hekate*, einer aus Asien nach Griechenland eingewanderten Göttin, die – so wie jede Große Göttin in den ältesten mythologischen Schichten – drei Gesichter hatte: junge Frau, gebärfähige Frau, alte Frau. Sie wurde auch häufig als dreigesichtige Göttin abgebildet (vgl. Abb. 12), so auch in Griechenland als »*Hekate der drei Wege*«, die den heiligen Ort der Scheidewege bzw. Kreuzwege behütete. Kreuzwege waren immer magische Orte, weil sie Entscheidungen symbolisierten. Dieses alte Wissen um die hochverehrte Göttin der Kreuzwege war bis ins Mittelalter im Volksglau-

Abb. 11: Sumerischer Unterwelt- und Heilgott Ningishzida, dargestellt auf einer Gebetsvase von Gudea (Lagash), um 2100 v. Chr.

Abb. 12: Dreigesichtige Hekate mit Schlangen (antike römische Gemme)

ben lebendig, denn noch aus dem 10. Jh. n. Chr. gibt es Überlieferungen, dass Frauen, die ihr neugeborenes Kind an einer Kreuzung der Erdmutter weihten, von der Kirche zu dreijährigem Fasten verurteilt wurden. Der Beiname der Göttin *Hekate* lautete *Enodia*, was sich von Enodus (griechisch = Eingang) herleitet. Damit war das Tor der Geburt, aber auch das des Todes gemeint. Im Garten der *Hekate* lebten Schlangen, die der Göttin heilig waren und die einerseits Heilung und Gesundheit, andererseits Krankheit und Tod bringen konnten (vgl. Walker 1995).

Im Rahmen des Christentums wurde dieses Wissen bekämpft, (weise) Frauen wurden als Hexen diffamiert, verfolgt und getötet. Von Hexen hieß es, dass sie ihre Sabbate gerade deshalb an Kreuzungen abhielten, weil in der Antike Kreuzungen der Göttin der Unterwelt geweiht waren, und *Hekate* war nach christlichem Glauben die Königin der Hexen. *Hekate* stellte in späteren Mythen oft den Unterweltaspekt vieler Göttinnen dar. Sie wurde »Weise Alte Frau« und »Hebamme« genannt (der Begriff Hebamme ist vom althochdeutschen »hefihanna« = Hebe-Ahnin abgeleitet – die Hebamme verkörperte demnach die Schicksals- und Ahnengöttin). *Hekate* und der doppelte Aspekt der ihr zugeordneten Schlange sind hier eins: Beide sind lebenserhaltend *und* tötend.

Schlangen dienten aber auch der Prophetie. Das berühmte antike Orakel von Delphi in Griechenland war *Python*, eine weibliche Schlange oder Drachin, die von *Apollo* getötet worden war und deren giftige Dämpfe aus ihrem verwesenden Körper von *Pythia*, der Orakelpriesterin, eingeatmet wurden und sie in Trance versetzten, sodass sie in der Lage war, zu weissagen.

Wenn der Schafhirte des Märchens nun in der auserwählten Position ist, die Schlangen bei ihrem Rückzug in das Winterquartier der Unterwelthöhle beobachten zu dürfen, so drückt das in der Märchensprache sehr viel mehr aus, als der Text auf den ersten Blick ahnen lässt:

Ein außergewöhnlicher Mensch, der mit göttlichen Hirten-Attributen ausgestattet ist, wird Zeuge eines magischen Geschehens, das in Verbindung mit dem göttlichen Prinzip des Naturzyklus steht.

Aus mythologischer Sicht erscheint es an dieser Stelle schwierig zu verstehen, warum ein *Mann* in die Höhle eingelassen wird, da das geheime Wissen der Göttin laut Matriarchatsforschung an und durch Frauen weitergegeben wurde. Vielleicht haben wir es hier schon mit einer patriarchal eingefärbten Veränderung der ursprünglichen Mythenschicht zu tun.

Es ist aber erkennbar, dass hier ein Prozess seinen Anfang nimmt, der wesentlich davon bestimmt wird, dass sich der Hirt auf die für ihn überraschende und einzigartige Situation einlassen und sich der Führung der – weiblichen – Schlangen überlassen kann. Mythologisch gesehen bedeutet dies, dass er sich der Führung der Göttin überlässt bzw. dass sie ihn führt.

Die Schlangen entführen ihn in den Ahninnen-Felsen, in die Anderswelt, die Höhle der Göttin. Zu dieser neuen, unbekannten Unterwelt hatte er bisher noch keinen Zugang.

Psychologisch betrachtet ist die Situation des Hirten nicht leicht: Alles ist ihm fremd. Er scheint aber durchaus offen für Neues zu sein. Dadurch gibt er instinktiv einer Entwicklung Raum, deren Ausmaß und Intensität er sich noch gar nicht vorstellen kann. Aber er ist zuversichtlich und bremst sich nicht durch Ängstlichkeit und Sicherheitsbedürfnis aus. Eine derart mutige und unbekümmerte Haltung ist für viele Menschen sehr schwierig. Sie trauen sich nicht, etwas Neues zu beginnen, dessen Ausgang sie nicht einschätzen können. Deshalb halten sie lieber an Althergebrachtem und Vertrautem fest, auch wenn der Zustand nicht mehr gut ist. Neues zu wagen, wäre für sie wie ein Sprung ins Ungewisse: Das Alte, aber Sichere müsste aufgegeben werden zugunsten von Neuem, das es noch nicht gibt. Beim Sprung ins Ungewisse wird immer der sichere äußere und innere Boden verlassen. Gleichzeitig ist das Neue noch nicht realisierbar. Das Beispiel unseres Märchens zeigt aber, dass es durchaus Sinn machen kann, Zeiten der Verunsicherung ganz bewusst zu ertragen.

Die Geschichte von Lena zeigt, dass die Unfähigkeit, Verunsicherung bewusst auszuhalten, große Ängste auslösen kann:

Lena (50) war seit 23 Jahren mit ihrem Mann verheiratet. Das Paar hatte zwei Kinder im Alter von 22 und 20 Jahren. Lenas Mann führte eine Weinhandlung und war seit ca. zehn Jahren alkoholabhängig. Lena arbeitete im Büro einer Möbelspedition. Außerdem pflegte das Paar die demenzkranke Mutter von Lena, in deren Haus es auch wohnte. Lena selbst erlebte immer heftigere Gefühlsabstürze, die aus der sich in immer kürzeren Abständen wiederholenden Abfolge von Hoffnung, Enttäuschung und neuer Hoffnung herrührten und die im Zusammenhang mit dem Alkoholmissbrauch ihres Mannes standen. Um Lena erst einmal aus ihrer mentalen Co-Abhängigkeit zu befreien, musste sie ermutigt werden, sich Alternativen zu ihrer bisherigen Lebensform vorzustellen und kreativ in Gedanken damit umzugehen.

Dieses Ansinnen löste bei Lena sofort eine emotionale und rationale Blockade aus. Sie konnte die Vorstellung nicht zulassen, ein anderes Leben, in welcher Variante auch immer, zu leben. Sie reagierte prompt mit Panikattacken und Schlafstörungen, die sie nur durch die Einnahme von Antidepressiva in den Griff zu bekommen glaubte. Erst als sie bereit war, eine Psychosomatische Klinik aufzusuchen, konnte sie sich ihrer Unfähigkeit stellen und allmählich neue Optionen für ihr Leben entwickeln. Als sie nach drei Monaten aus der Klinik entlassen wurde, war sie bereit und fähig, ihren Mann so weit loszulassen, dass sie akzeptierte, dass er selbst für sich sorgen und sein Leben (er hatte inzwischen eine Entzugsklinik besucht und bemühte sich um eine andere Art von Arbeit) selbstverantwortlich gestalten sollte. Lena konnte zunehmend begreifen, welchen Anteil sie selbst in dieser Abhängigkeitsbeziehung hatte. Sie versuchte nun, immer konsequenter gegenüber ihrem Mann, aber auch gegenüber ihrer Umwelt aufzutreten und ihre Ideen und Forderungen für einen gemeinsamen Alltag klar zu formulieren.

Diese Klarheit tat ihr gut und hatte gleichzeitig einen positiven Einfluss auf ihre Beziehung: Ihr Mann versuchte nun, ebenso strukturiert zu sein, und beide hatten das Gefühl, miteinander einen gemeinsamen Weg gehen zu können.

In unserem Märchen übernehmen die Schlangen die Führung über den Hirten, und er lässt sich angstfrei, ja beinahe naiv auf die ihm völlig unbekannte Situation ein.

Dies ist wie ein Lehrstück vom Umgang mit Sicherheitsstreben: Der Hirt könnte ja durchaus den Versuch machen, das anstehende Neue zu verhindern, sozusagen vorweg prophylaktische Schadensbegrenzung zu betreiben. Das würde aber natürlich nicht automatisch bedeuten, dass die bisherige Lebenssituation auch stabil bliebe und sich nicht verändern könnte. Die mutige Haltung des Hirten, der neugierig die Höhle betritt, die ja auch seinen Untergang bedeuten könnte, kann uns in der Übertragung auf unser Leben ermutigen, unsere Haltung Unsicherem gegenüber einmal kritisch zu überprüfen und nach unserer Kreativität, Spontaneität und Unvoreingenommenheit zu fragen. Damit kommen wir dann unweigerlich bei der Fragestellung an, wie es denn eigentlich mit unserem Vertrauen in uns und unser Leben aussieht.

Der Impuls, der durch die Schlangen gegeben wird, ist klar: Der Gang in die neue Situation ist spannend und darf uns richtig neugierig machen. Neugierig auf Lebenssituationen, in denen wir uns anders als bisher erfahren können, neugierig auf unsere geistig-seelische Flexibilität und unsere vielleicht überraschenden Fähigkeiten, bisher unbekannte Lebenskonstellationen sinnvoll und erfolgreich zu gestalten. Aus dem vertrauensvollen Einlassen auf Unbekanntes kann Selbstvertrauen und ein positives Selbstbild resultieren, das uns stärkt. Wir können die Erfahrung machen, wie mutig wir sind und wie gut wir uns auf unsere Fähigkeiten verlassen können.

Silke (54) erlebte die größte Umwälzung ihres bisherigen Lebens. Ihr Mann hatte sich vor zwei Jahren von ihr getrennt. Sie selbst verließ daraufhin ihr bisheriges Lebensumfeld und suchte sich 600 Kilometer entfernt eine Wohnung. Sie war von den geringen

Unterhaltszahlungen ihres Mannes, also von seinem Wohlwollen, abhängig, hatte keine Arbeit und vermisste das Familienleben mit den drei Söhnen, das sie 20 Jahre lang gelebt hatte.
Zunächst fiel sie in eine Depression, aus der sie sich erst erholte, als sie eine Arbeit als Betreuerin einer 90-jährigen Frau fand. Allmählich verschwand das Gefühl allgemeiner Sinnlosigkeit und ihre Lust- und Antriebslosigkeit. Sie hielt es aus, noch keine gesicherte Zukunft vor sich zu sehen. Sie arbeitete daran, die Veränderungen ihres Lebens auch als Chance für eine Weiterentwicklung zu begreifen, die ihr den Blick für Neues öffnen würde. Sie fühlte sich ganz langsam besser und dieses Gefühl fasste sie dann in die Worte: »Ich bin mir selbst zur Freundin geworden.«

Die Symbolik der Anderswelt und die der Schlangen-Unterweltgöttin, die uns das Märchen verschlüsselt an die Hand gibt, könnte uns auffordern, Entscheidungen mutiger zu wagen. Sie könnte uns ermutigen, im Vertrauen auf eine weise weibliche Intuition zu handeln, die es in uns gibt, auch wenn die Entwicklungsrichtung noch nicht vollständig einschätzbar ist. Das Märchen sagt: »Es ist deine Zeit, es ist dein Rhythmus – du wirst geführt!«

Im Vorderen Orient galt die weibliche Schlange als Verkörperung der Weisheit und Erleuchtung schlechthin. Die Schlange als ursprünglich kollektives Symbol, das in seiner Ausdruckskraft von *allen* Menschen der damaligen Zeit verstanden werden konnte, taucht auch in der Bibel als »eherne Schlange« des *Mose* auf: »Da schickte der Herr zur Strafe giftige Schlangen unter das Volk. Viele Israeliten wurden gebissen und starben. Die Leute kamen zu *Mose* und sagten: ›Es war nicht recht, dass wir uns gegen den Herrn und gegen dich aufgelehnt haben. Leg doch beim Herrn ein Wort für uns ein, damit er uns von diesen Schlangen befreit!‹

Abb. 13: Moses und die eherne Schlange (um 1280, Stadtkirche St. Dionys, Esslingen)

Mose betete für das Volk und der Herr sagte zu ihm: ›Fertige eine Schlange an und befestige sie oben an einer Stange. Wer gebissen wird, soll dieses Bild ansehen, dann wird er nicht sterben.‹ Mose machte eine Schlange aus Bronze und befestigte sie an einer Stange. Wer gebissen wurde und auf diese Schlange sah, blieb am Leben.« (4 Mose 21,6-9) (Vgl. Abb. 13)

Im Buch der Könige heißt es zum Thema Schlange: »Im dritten Regierungsjahr des Königs Hoshea wurde Hiskia, der Sohn von Ahas, König von Juda [...] Er tat, was dem Herrn gefiel, genau wie sein Ahnherr David. Er ließ die Opferstätten rings im Land zerstören, die geweihten Steinmale in Stücke schlagen und die Götzenbilder der Ashera umstürzen. Er zerschlug auch die bronzene Schlange, die Mose gemacht hatte. Bis in die Tage Hiskias hatten die Israeliten Weihrauch vor ihr verbrannt, man nannte sie Nehuschtan.« (2 Kön. 18,1-4) *Nehuschtan* aber ist die Vermännlichung einer Orakelschlange, nämlich der *Nehuschtah*, einer Göttin aus Kadesch. Dort war ein Heiligtum, das dem Heiligtum der *Pythia*, der Orakel- und Schlangenpriesterin von Delphi, entsprach. Die Israeliten hatten offenbar diesen geweihten Ort eines anderen Volkes entweiht, und deshalb musste die zornige Schlangengöttin von Kadesch besänftigt werden. Dies war wahrscheinlich der naheliegendste und wirkliche Grund, warum *Mose*, der doch von *Jahwe* das Gebot bekommen hatte, keine anderen Götter zuzulassen, ein bronzenes Abbild der Schlange aufrichten ließ (vgl. Ranke-Graves/Patai).

Auch die Paradiesgeschichte der biblischen Genesis ist voller Hinweise auf matriarchales Kulturgut zum Symbol der Schlange: »Alle Gärten der Wonne wurden ursprünglich von Göttinnen beherrscht – als sich der Wechsel vom Matriarchat zum Patriarchat vollzog, wurden sie von männlichen Gottheiten usurpiert. Fast immer ist eine Schlange im Spiel. So wurde etwa in der griechischen Mythologie der Garten der Hesperiden, dessen Apfelbäume goldene Früchte trugen, von der Schlange Ladon bewacht, und es war Heras Domäne, bevor diese Zeus heiratete, auch wenn ihr Kind Herakles Ladon schließlich mit Zustimmung des Zeus umbrachte.« (Ranke-Graves/Patai, S. 100)

Es wird vermutet, dass die Anbetung der ehernen Schlange wohl auf die Verehrung lebender heiliger Schlangen zurückgeht. Das israelische Volk lebte damals vom Ackerbau, und solche Völker beteten im palästinensisch-mesopotamischen Kulturraum die Große Göttin an. Und sowohl Schlangen als auch der Stier wurden als Fruchtbarkeitssymbole dieser matriarchalen Religion aufgefasst. »Das Bild der Schlange ist eng verknüpft mit den Zyklen des Todes und der Lebenserneuerung der Natur. Ihr Winterschlaf ist die Entsprechung des Todes, während ihre Häutungen Unsterblichkeit, die ewige Kontinuität des Lebens, symbolisieren. Die Wiederkehr der Schlange im Frühjahr verkündet die Wiedergeburt der Natur.« (Gimbutas 1996, S. 236)

Die »Schlange am Pfahl« war ein zentrales Bild in der hebräischen Religion. Deshalb wurde ihr auch, wie die Bibelstelle sagt, lange Zeit Weihrauch geopfert. Die Schlange steht also sogar in dieser monotheistischen Vater-Religion in *positivem* Zusammenhang mit der

Frau, und dies ist in *allen* matrizentrierten Gesellschaften der Fall. (Gerda Weiler hat darauf hingewiesen, dass in der gesamten Bibel Reste vieler alter Kulttexte zu finden seien, die auf eine matriarchale Herkunft des israelischen Volkes und seines ursprünglichen Glaubens schließen lassen; vgl. Weiler 1989. Und auch Elizabeth Gould Davis und Christa Mulack befreiten weibliche Gestalten der Bibel von ihrer patriarchalen Umdeutung und zeigten sie in ihrer ursprünglichen matriarchalen Bedeutung.)

In christlichen Zeiten wurde die »Eherne Schlange« umdefiniert als Zeichen des Heils und der göttlichen Rettung. Sie war zeitweise das beliebteste typologische Vorbild für den gekreuzigten Christus. In späteren Darstellungen wurde sie sogar am Christuskreuz abgebildet, mitunter mit Heiligenschein, um die Parallelität der Schlange mit *Christus* zu verdeutlichen (z. B. im Dom zu Brandenburg).

Bei der Beschäftigung mit dem Ursprung der Schlangensymbolik können wir allerdings nicht übersehen, was mit der Göttin, die sich in der Schlange verkörperte, besonders im jüdisch-christlichen Kulturkreis geschehen ist: Der Symbolgehalt wechselte und damit auch das im Symbol immanente Frauenbild. (Dass außerhalb jüdisch-christlicher Beeinflussung Schlange und Drache oft keine Abwertung erfuhren, zeigt Vera Zingsem, vgl. Stamer/Zingsem.) Im jüdisch-christlichen Bereich wurde die Schlange im Zuge der Wandlung vom ursprünglich matriarchalen Weltverständnis des israelitischen Volkes zur patriarchalen Religion des *Jahwe*-Glaubens zum Symbol für den Sündenfall. Damit wurde Männern ein sehr subtiles Machtinstrument über die Frau an die Hand gegeben, das letztendlich in seiner Körper- und Frauenfeindlichkeit zu den Hexenverbrennungen des Mittelalters führte. Diese Umdeutung der Schlange entzweite die Frau symbolisch von ihrer göttlichen Quelle der Weisheit, wodurch sie selbst zu einer gestürzten Göttin wurde. *Eva*, die

»Mutter aller Lebenden«, wurde so im christlichen Verständnis zu der Frau, die das Unglück über die Menschen brachte. Dies ist ein eklatanter Widerspruch in sich. (Gerda Weiler weist darauf hin, dass die Übersetzung »Mutter aller Lebenden« bereits innerhalb einer patriarchalen Religion beheimatet ist. Im matriarchalen Verständnis wäre der Ursprung die Himmelskönigin, die kosmische Herrin, die schöpferische und lebenserhaltende Kraft und Weisheit des Kosmos, wie sie formuliert. *Eva* war wohl in vorchristlicher Zeit auch eine Große Göttin, aber innerhalb des Christentums ist sie das nicht.)

Im Zusammenhang mit der christlichen Deutung der Schlange ist auch die Bedeutung des Apfelsymbols wichtig, denn es erfährt eine ähnliche Wendung von positiv nach negativ wie die Schlangensymbolik, wenngleich der Apfel eher das Medium darstellt, mit dessen Hilfe der Sündenfall überhaupt erst geschehen konnte. Ranke-Graves weist darauf hin, dass die Erzählung von Adam, Eva und der Schlange im Baum eine ganz bewusste Fehlinterpretation von Symbolen ist. Eigentlich zeigen sie die Große Göttin, die den Anbetenden das Leben in Form eines Apfels gibt (vgl. Abb. 14, 15 u. 16). Die Paradiesgeschichte der biblischen Genesis ist voller Hinweise auf matriarchales Kulturgut, das nur richtig verstanden und interpretiert werden müsste (vgl. Ranke-Graves/Patai).

Auch die Göttinnen zahlreicher anderer Paradiese züchteten Äpfel des ewigen Lebens und der Unsterblichkeit: Die Keltinnen nannten dieses Paradies Avalon, das Apfelland. Dort herrschte *Morgan*, die Königin des Todes. Die irischen Könige erhielten die magischen Äpfel von der Göttin der Unsterblichkeit und gingen fort, um mit ihr im Sonnenuntergang zu leben. Bei den Römern hieß die Apfel-Mutter *Pomona*, was vermutlich aus dem Etruskischen übernommen worden ist. Sie symbolisierte die Fruchtbarkeit im Allgemeinen. Ein römisches Essen schritt gewöhnlich vom Ei zu den

Abb. 14: Paradiesszene (Buchmalerei, 1280)

Äpfeln: »Ab ovo usque ad mala.« Es begann also mit dem Symbol der Schöpfung, dem Ei, und schloss mit dem Symbol der Vollendung, dem Apfel (vgl. Walker 1995). Das Symbol der Unsterblichkeit im Bild der Schlange passt gut zu Äpfeln und Eiern, wie ein Fresko im erst kürzlich ausgegrabenen *Magna-Mater-* und *Isis*-Tempel in Mainz zeigt, wo auf einem Altar ein Ei zu sehen ist, um das sich Schlangen ringeln.

Es ist also klar, dass mit dem biblischen Bild der Schöpfungsmythologie von Garten, Baum, Schlange und Apfel durchweg Symbole verwendet wurden, die in der Bildersprache der damaligen Zeit bekannt und vertraut waren. Sie mussten Assoziationen wecken, die in einem positiven Zusammenhang mit der Frau und der Schlange als Göttin standen. Auf welche Weise diese Symbole, die ursprünglich mit der Göttlichkeit des Weiblichen und ihren lebens-

Abb. 15: »Sündenfall«, Gemälde von Hugo van der Goes (linker Flügel des Wiener Diptychon, wahrscheinlich 1477)

spendenden Elementen assoziiert wurden, in einen regelrecht frauenfeindlichen Kontext gebracht werden konnten, zeigt die Ikonografie der katholischen Kirche, die durch ihre allgegenwärtige Präsenz den größten Einfluss auf die Sozialisation im westlichen Kulturkreis hatte bzw. diese fast ausschließlich bestimmte. Das Dogma von der »Unbefleckten Empfängnis Mariens« zeigt ein gottgewolltes, d. h. völlig asexuelles und deshalb »unschuldiges« Frauenbild, das die späteren, traditionell weiblich-christlichen Tugenden repräsentieren wird: Gehorsam, Ergebenheit, die von Männern bestimmten Grenzen anerkennend, nichts hinterfragend, nichts bezweifelnd, mit einem Wort: angepasst. Mit der Ächtung von Schlange und *Eva* als Verführerin des »unschuldigen« Mannes wurden bewusst wesentliche Merkmale des Weiblichen ausgegrenzt bzw. dämonisiert. Das wertete die Frau jahrtausendelang ab und machte sie leichter beherrschbar. Typischerweise zeigt die katholische Kirche *Maria* auf

Abb. 16: Lilith mit Adam und Eva im Garten Eden, Detail an der Dom-Fassade von Notre Dame, Paris

einer Schlange stehend, die ihrerseits einen Apfel im Maul hält und für »Verführung« (nicht nur) im sexuellen Sinn steht (vgl. Abb. 17). Die »Reinheit« von *Maria* vernichtet die »Schuld- und Sündhaftigkeit« von *Eva* im Symbol von Schlange und Apfel. Diese Sicht der Frau war und ist im westlichen Kulturkreis bis heute geläufig.

In einem überlieferten Mariengebet aus Italien heißt es dementsprechend:

> O Maria, Gnadenvolle, schönste Zier der Himmelsauen,
> Blicke huldvoll auf uns nieder, die wir
> Kindlich dir vertrauen!
> Durch dich hoffen wir zu siegen, die der
> Schlange Haupt zertrat,

Abb. 17: Maria auf der Schlange und dem Mond stehend (Volkstümliches Gebetsbild aus Italien mit dem Titel »Immacolata Concezione« = unbefleckte Empfängnis)

Ob auch Stürme uns umtoben, ob auch
Schwere Prüfung naht!

Isabella (44), deren katholische Mutter in einem völlig abgelegenen Dorf in den peruanischen Anden lebte, hatte von ihr folgende Marien-Legende überliefert bekommen, die genau diesen Prozess widerspiegelt: »Die Schlangen hatten ursprünglich Füße und Flügel. Eines Tages saß die Mutter Maria auf einem Esel. Da kam eine Schlange mit Flügeln und Füßen und erschreckte die Mutter Maria mit dem Esel. Der Esel machte einen Satz und das machte die Muttergottes zornig. Zur Strafe für diese Tat nahm sie allen Schlangen die Flügel und die Füße. Deshalb können Schlangen seither nicht mehr laufen und fliegen. Sie müssen auf der Erde kriechen.«

Mit der Marienverehrung wurde ein vernichtendes weibliches Selbstbild geschaffen und weiter transportiert, gegen das sich Frauen jahrhundertelang nicht auflehnten, weil sie darauf geprägt waren. Die Inquisition tat schließlich noch das Übrige dazu.

Nach diesem Religionsverständnis brachte eine »normale«, also demnach »sündige« Frau mit ihrer Tat die Urschuld auf die Welt, die sogenannte Erbsünde. Jeder neugeborene Mensch erbt sie nach katholischer Lehre allein durch seine Abstammung von der Urmutter Eva, ohne sein willentliches, selbstbestimmtes Zutun, und sie kann nur durch die Taufe beseitigt werden. Hier wird eine Spaltung der Frau zwischen *Maria* und *Eva* vollzogen, zwischen »rein« und »unrein«: Zwischen der Frau, die Sexualpartnerin bzw. lebensspen-

Abb. 18: Hörende Muttergottes im Rosenkranz (um 1480, Benediktinerabtei Weingarten)

Abb. 19: Ausschnitt aus dem Krämeraltar aus Sankt Marien

dendes Wesen ist, und der Frau, die nicht als Sexualpartnerin zur Verfügung steht. Durch *Eva* und die Schlange kam nach diesem Verständnis das Böse auf die Welt, und darum sind beide auch mit einem göttlichen Fluch belegt. Einzig *Maria* kann und konnte die Menschen von der Erbsünde erlösen, indem sie – allerdings nicht auf natürlichem Weg – vom Heiligen Geist einen Sohn empfing und nach dem Willen von *Gott Vater* schließlich den Erlöser gebären durfte. Ihre Rolle als ausführendes Organ des allmächtigen gottväterlichen Willens war komplett. Deshalb gibt es in der katholischen Kirche häufig Marien-Statuen, wo *Maria* auf dem am Boden (in einer Mondschale) liegenden Kopf der dunklen *Eva* steht (vgl. Abb. 18 u. 19). *Maria*, die Reine, vernichtet also zwei wesentlichen Symbole der Frauen, nämlich die Mondin und die Schlange.

Evas Rolle ist in der Bibel von vornherein negativ gedacht. Aber sie trifft nicht die ganze Schuld, denn die Schlange hat sie verführt. Sie war die mächtige Verbündete der Frauen, die ihnen Hilfe bei der Geburt ihrer Kinder gab (vgl. Abb. 20). Also lag es nahe, dass Gott

Abb. 20: Gebärende mit Schlangen (400 – 600 n. Chr., Gotland/Schweden)

zuerst die Schlange verdammen musste, um *Eva* verfluchen zu können. Und das Christentum entledigte sich so einer mächtigen Göttin.

In unserem Märchen erweist sich die Begegnung mit der ursprünglichen Schlangengöttin in der magischen Höhle aber als ein großes Glück für den Hirten und verändert sein Leben nachhaltig: Er überlässt sich der Führung der Göttin und hat so die Chance bekommen zu lernen, sich auf eine neue und ungewöhnliche Lebenssituation optimistisch einzulassen, im Vertrauen darauf, diese Schwellensituation auch gut durchzustehen. Der Hirt lebt etwas vor, was beispielhaft sein kann: Gerade als Frauen dürfen wir uns auf das Wissen der göttlichen, heilkundigen Schlange in uns verlassen. Das bedeutet, dass wir sicher sein dürfen, dass wir die Fähigkeiten und die Stärke haben, den Ausgang aus einer schwierigen Lebenssituation wie aus einer Höhle auch zu finden. Dieses Vertrauen kann eine echte Stärkung unseres Selbstbewusstseins bewirken, das einer breiten Schicht von Frauen jahrhundertelang durch christlich geprägte Sozialisation abgesprochen wurde. Sich auf weibliches Wissen bzw. weibliche Wurzeln im Symbol der Schlange zu beziehen, darf ja nicht nur ein abstrakter Vorgang sein. Der spirituelle Bezug darauf kann uns vielmehr dabei unterstützen, mehr Klarheit und Gelassenheit in Schwierigkeiten zu finden und zu leben. Wir müssen eine innere Realität erinnern und sie wirklich werden lassen. Konkret umgesetzt bedeutet die Erinnerung an die Kraft der Schlange, Vertrauen zu haben in unsere Fähigkeit der Häutung, d. h. in unsere psychische Anpassungs- und Wandlungsfähigkeit im Sinne einer Weiterentwicklung, die das Leben in der »Unterwelt« der Krise und im Alltag immer wieder aufs Neue von uns verlangt.

Selma (43) äußerte einmal während eines Therapiegesprächs: »Ich fühle mich wie eine Schlange, die sich bald häutet. Meine Haut platzt schon bald auf.« Sie befand sich damals in einer sehr auf Veränderung drängenden Lebenssituation, denn sie hatte große Konflikte mit ihrer Chefin und wollte sich nach einer adäquateren Stelle umsehen. Mit ihren Worten beschrieb sie ganz authentisch ihr Lebensgefühl und ihre Energie, die sie bald zur Tat schreiten ließen, um den konfliktgeladenen Ist-Zustand nachhaltig zu verändern. Sie bestand auf einem Gespräch mit ihrem übergeordneten Vorgesetzten und bereitete dieses sorgfältig vor. Sie legte den Vorwurf, von der Chefin gemobbt zu werden, klar auf den Tisch und erwirkte auf diese Weise ganz konkrete Veränderungen in ihrem Berufsalltag. Sie wollte also nicht nur einfach kündigen, sondern sie hatte sich vorgenommen, aus dieser unliebsamen Situation zu lernen und sich an ihr weiterzuentwickeln.

Die alte Schlange entlässt den Hirten nur nach einem dreifachen Schwur, der ihn zum Schweigen verpflichtet.

Dieses Gebot macht nur dann einen Sinn, wenn wir es wieder als Bestätigung des ursprünglich mythologischen Hintergrundes des Märchens deuten: Beim Gang durch die Höhle handelt es sich um eine Einweihung in das Wissen von Mysterien. Das dort erworbene Wissen war immer geheim, und so will es auch die Schlangen-Unterweltgöttin gehandhabt wissen. Die heilige matriarchale Zahl Drei bestätigt das noch einmal: Es geht um »geheimes« Frauen-Wissen rund um die Themen der umfassenden, dreifachen Großen Göttinnen und ihrer Symbole, nämlich »Tod und Wiedergeburt«, »Unterwelt und Oberwelt«.

Anna (52) formulierte einmal folgende Gedanken zum Thema Altern in Verbindung mit der Schlangensymbolik: »Bei diesem Symbol geht es um die Vorstellung, von der Geburt bis zum Tod in den Kreislauf des Lebens eingebunden zu sein und mich mit den verschiedenen fortschreitenden Lebensphasen zu verändern, weiterzuentwickeln und zu ›häuten‹ wie eine Schlange, der die Haut zu klein und eng geworden ist. So wachsen mit zunehmendem Alter Wissen und Kenntnis um Lebensprozesse. Lebenserfahrung sammelt sich an, wodurch ich einen Überblick über Prozesse und Lebensgesetze gewinne, der mir Gelassenheit und *Know-how* vermittelt. Meine Reife nimmt zu und mündet in die Fülle des Lebens, die ich bewusst genießen möchte.«

Die Schlange als Symboltier verbindet die Kräfte der drei souveränen Göttinnen *Persephone, Demeter* und *Hekate* in uns: die Kraft der jungfräulichen Göttin des immer möglichen Neubeginns, unsere vielleicht nicht ständig zielorientierten, aber begeisterungsfähigen und spontanen Seiten; die Kraft der mütterlichen, beschützenden *Demeter,* die uns die Angst vor Alter und Tod nehmen kann wie in ihren Mysterien – sie steht aber in ihrem Unglück über den Tod der Tochter auch für weibliche Themen der mittleren Lebensjahre wie Depressionen, Wechseljahre, Lebensmitte und die damit verbundenen Fragen; und schließlich die Kraft der *Hekate* der Weggabelungen, die bei Entscheidungen unterstützt, die aber auch darauf achtet, dass die gesammelte bisherige Lebenserfahrung mit neuen Zielen und Perspektiven übereinstimmt, und die an den Wegkreuzungen des Lebens Selbsterkenntnis und Intuition kombiniert. Die *Hekate* in uns erkennt sich wiederholende Verhaltensmuster, stellt die Zusammenhänge mit früheren Situationen oder Beziehungen her und lässt uns aus dieser Erkenntnis heraus schließlich gelassener, geduldiger und weiser handeln. Sie ist aber auch die Seite von uns, die uns nicht immer nur lieb, nett und anpassungsfähig erscheinen lässt, sondern die uns Achtung und Respekt verschafft.

Am magischen Ort der Weisheit

Vertrauen auf Schlangenfähigkeiten in Krisen

Nutze die Augenblicke der Stille,
um in dich hineinzulauschen,
um die tiefen Quellen hinter den
unnützen Gedanken und dem
Übermaß der Worte zu suchen.

Indianische
Weisheit

Mit dem Betreten der Höhle wechselt der Hirt tatsächlich in eine andere Welt. Die Höhle, in der er sich plötzlich befindet, wird als ein magischer Ort beschrieben. Sie glänzt von Gold und Silber und auf einem goldenen Tisch liegt eine riesige alte Schlange.

Die Höhle ist ein heiliger Ort mit einer großen Symbolik: Höhlen waren immer die natürlichen Symbole des Schoßes der Göttinnen und wurden als Eingänge zur Unterwelt betrachtet. Dem antiken Schriftsteller Porphyrios zufolge wurden vor der Entstehung von Tempeln alle religiösen Riten in Griechenland und Rom in Höhlen abgehalten. Die phrygische Göttin *Kybele*, die auf besonderen Befehl einer römischen Orakelpriesterin, der *Sybille von Cumae*, die ihrerseits in Höhlen wohnte, im 2. Jh. v. Chr. von Kleinasien nach Rom gebracht wurde, hatte auch den Beinamen »Höhlenbewohnerin«. Sie wurde in natürlichen oder künstlichen Höhlen angebetet. *Kybele* war die allumfassende, alles enthaltende Götter-Mutter und ihr Kult war der erste orientalische Mysterienkult, der in die griechische und später auch römische Welt einzog, lange vor dem ägyptischen *Isis*-Kult. Ursprünglich wurde *Kybele* in der Türkei in der Gestalt eines vom

Himmel gefallenen schwarzen Meteorsteins verehrt, der die Kräfte des Himmels und der Erde vereinte. So konnte sie zum Symbol für die uranfängliche kosmische Einheit werden, zum Symbol des Ursprungs aus dem dunklen Schoß des Alls und schließlich zur Allmutter selbst. Ihre geheiligten unterirdischen Kammern waren die Schoß-Heiligtümer. Sie war die Große Erd- und Muttergöttin, die Leben und Fruchtbarkeit spendete und als Herrin des Lebens alljährlich die gestorbene Natur zu neuem Leben erstehen ließ (vgl. Walker 1995).

Auch die griechische Göttin *Rhea* hatte eine heilige Höhle auf dem Berg Dikte, in der sie ihre Kinder gebar. *Rheas* Tochter *Demeter* gebar ihre Tochter *Kore* und ihren Sohn *Dionysos* in der Eileithyia-Höhle auf Kreta, der Höhle der griechischen Geburtsgöttin *Eileithyia*, die den Frauen bei der Geburt ihrer Kinder behilflich war. Zum Dank für diese Hilfe nahm *Demeter* ihren Namen zu ihrem eigenen hinzu und gründete unter diesem Namen die Stadt Eleusisis, in der später die Eleusinischen Mysterien abgehalten wurden. Auch *Demeters* Schwester *Hera*, eine weitere Tochter von *Rhea*, gebar ihre Zwillinge *Ares* und *Eris* in einer Höhle im griechischen Ida-Gebirge. In eben dieser Höhle begrub sie auch ihren heiligen König und übergab ihn dem Schoß von *Gaia*, der Mutter Erde.

In der minoischen Kunst wird *Rhea von Kreta* als Schlangengöttin dargestellt (vgl. Abb. 21 u. 22), die die Unterwelt der Heiligen Höhlen – als Orte von Geburt *und* Tod – repräsentiert. Um ihre Hüften windet sich ein Knoten von Schlangen. Zwei weitere Schlangen ringeln sich um ihre Arme, um den linken steigt die eine hinauf, um den rechten kriecht die andere hinab. Diese Schlangen sind Symbole der aufsteigenden *und* absteigenden Kräfte der Natur und entsprechen damit der umfassenden Symbolik der Göttin.

Abb. 21 und 22: Schlangengöttin von Kreta (um 1700 v. Chr., minoisch)

Im Vorderen Orient wurden ebenfalls viele Götter in »schöpferischen« Höhlen geboren. Heilige Höhlen waren bevorzugte Orte magischer Befruchtungen. Der in ihnen praktizierte Orakelkult bzw. die dort gefeierten Mysterien waren nur für Eingeweihte gedacht, d. h. sie waren geheim.

Märchen bzw. Legenden greifen diese jahrtausendealten kultischen Bräuche oft auf und verlegen deshalb das Paradies oder das Land der magischen Wunscherfüllung manchmal in Höhlen, in denen dann zum Beispiel auch Drachen hausen.

Dieses Wissen um die ursprüngliche, magisch-kultische Bedeutung von Höhlen hat sich noch (trotz Christianisierung) sehr lange erhalten: In Denwigshire in Großbritannien z. B. wurde bis ins 18. Jh. v. Chr. eine Höhle verehrt, die der Dreifachen Göttin in der Form von »drei Feenschwestern« geweiht war, und in Schottland, in der Nähe des Ortes Donskey, wurde noch im Jahr 1791 eine heilige Höhle und eine Quelle für magische Heilkunst benutzt. Beim Mondwechsel kamen die Menschen dorthin, um in den Wassern der Gebärmutter zu baden.

Unser Märchen bedient sich einer sehr eindrucksvollen Sprache, um die Einzigartigkeit des Ortes zu beschreiben, an den sich der Hirt begibt. Selbst wenn wir nichts über den jahrtausendealten kultischen Hintergrund wüssten, wäre allein schon durch die Beschreibung der Höhle klar, dass dieser Ort ein besonderer ist, an dem sich etwas Außergewöhnliches ereignen wird.

Die Wände der Höhle glitzern golden und silbern, und diese Metalle haben eine ganz spezielle Bedeutung.

Wegen seiner Farbe und seines Glanzes wurde Gold schon immer mit der Sonne assoziiert. Das alchemistische Zeichen für Gold ist dementsprechend auch mit dem Zeichen für Sonne identisch. Gold wurde, weil es chemisch äußerst stabil ist und nicht durch Korrosion degeneriert, mit der Idee der Unsterblichkeit verbunden. Vor allem in Ägypten und im Vorderen Orient symbolisierte Gold als kostbares, unveränderliches, immer glänzendes Metall die menschlichen Hoffnungen auf Unsterblichkeit und wurde deshalb im Totenkult häufig verwendet.

Wahrscheinlich ist es diese alte Tradition, die auch den Brauch begründet hat, Eheringe vorzugsweise aus Gold herzustellen, da mit dem Austausch der Ringe der Wunsch verbunden war, dass die Verbindung zweier Menschen lange halten möge.

Das Silber, das die magische Höhle des Märchens auskleidet, gilt als Metall des Mondes. Silber ist aber auch das Metall der Weissagung. Der biblische *Joseph*, der dem ägyptischen Pharao die Träume deutete (Gen. 44,5), hatte als Instrument der Weissagung eine silberne Schale, die den Mond als Quell der »Wasser der Erleuchtung« symbolisierte. In der Alchemie wird der Montag (Mond-Tag) mit Silber verknüpft.

Der goldene Tisch, auf dem die riesige alte Schlange liegt, passt also gut in die Symbolik von Gold und Silber. Wir können auch sicher davon ausgehen, dass mit dem Tisch in Wirklichkeit ein Altar gemeint ist. In der christlichen Tradition wird beispielsweise der Altartisch »mensa«, also Tisch genannt. Der Altar hatte in allen Kulturen nicht nur eine wichtige Funktion als Tisch, auf dem die Opfer für die Götter dargebracht wurden, sondern er war ursprünglich auch ein Grab, auf dem den – vergöttlichten – Ahnen geopfert wurde. Es gibt sogar Tempel aus der Megalithkultur (ca. 1300 v. Chr.) auf der Balearen-Insel Menorca, die wie überdimensionale Tische gebaut sind und die dementsprechend auch *taula*, also *Tisch*, genannt werden. Die verbreitete christliche Sitte, die Reliquien der Heiligen unter Altären zu begraben, hat ihre Wurzeln wohl in diesem alten Brauchtum.

Wir erleben den Hirten nun in einer vertrauensvollen und völlig angstfreien Haltung. Es wirkt zwar auf den ersten Blick naiv, wenn er sich in einer solch außergewöhnlichen Situation schlafen legt, aber mit dieser verharmlosenden Beschreibung ist etwas ganz anderes gemeint als bloßes Schlafen: Im Schoß-Heiligtum der Großen Göttin fällt er in »rituellen Schlaf«.

Diese Kultpraxis des rituellen Schlafs wurde entweder zu Heilzwecken angewandt (wie z. B. im *Asklepios*-Heiligtum auf der griechischen Insel Samos) oder sie diente dazu, eine Erleuchtung zu bekommen, wie wir es vom unterirdischen Höhlenheiligtum Hypogäum auf Malta (ca. 3500 v. Chr.) annehmen. In diesem Hypogäum gab es nicht nur eine rituelle Wandbemalung in Form von roten Spiral-Motiven (Symbole der Lebenskraft, der Lebenserneuerung, der Wiedergeburt, der Unendlichkeit), sondern es wurden dort auch mehrere Figuren von schlafenden Frauen bzw. Göttinnen gefunden.

Der Besuch des Hirten in der Höhle wird uns nicht als furchterregend, sondern, bedingt durch die Magie des Ortes, als beeindruckend geschildert. Im rituellen Schlaf begibt sich der Hirt auf eine völlig andere Persönlichkeitsebene als im Wachzustand. Im Schlaf regiert das Unbewusste, d. h. die verstandesmäßig gesteuerten Ich-Kräfte sind reduziert bzw. ausgeschaltet. Deshalb befördern Träume ja auch Botschaften aus dem Unbewussten, die eine völlig andere Sprache sprechen als unser Wachbewusstsein, und dies ist auch ein Grund, weshalb viele Menschen Angst vor dem Einschlafen haben.

Was kann uns das Beispiel des schlafenden Hirten lehren? Wir können lernen, dass Erkenntnis- und Entwicklungsprozesse immer ihre Zeit brauchen und dass wir diese Zeit nicht abkürzen können. Die Weisheit des Schlafs vermittelt uns die Gelassenheit und das Vertrauen, dass der Zeitpunkt des nächsten Schrittes in Ruhe abgewartet werden kann, bis die Zeit wirklich reif ist für Veränderungen. Eile und überstürztes Handeln sind nicht nötig – das ist die Botschaft des schlafenden Hirten. Gezeigt wird uns hier die Tugend des gelassenen Wartens, die aber weder etwas mit Aussitzen zu tun hat noch mit defensiver Lebenshaltung.

Bianca (40) erlebte eine regelrechte Lebenskrise. Sie war Mutter von drei Kindern im Alter von 3, 5 und 9 Jahren und beendete ihre Elternzeit mit der Fragestellung, ob sie wieder in ihren Beruf, der mit

sehr unregelmäßigen Arbeitszeiten verbunden war, zurückgehen sollte. Fragestellungen wie die nach der Aufgabe der Zugehörigkeit zu einer renommierten Firma, der gesicherten Altersversorgung, beruflichem Ansehen und gesellschaftlichem Status, einem unbefristeten Arbeitsvertrag und finanzieller Sicherheit quälten sie und machten ihr die Entscheidung schwer. Sie fühlte sich in einer krisenhaften Situation, in der sie vieles, was ihr bisher wichtig gewesen war, hinterfragte. Kreative Ideen, was sie nach der Elternzeit Neues beginnen könnte, hatte sie viele, aber sie hatte eben noch nichts Konkretes in der Hand. Sie fühlte sich ähnlich wie in einer Schwangerschaft oder in einer Inkubationszeit. Und sie nutzte diese Zeit, um sich in ihrem eigenen Tempo über einige Dinge klarzuwerden.
In vielen Gesprächen lernte sie, ihre Situation nicht nur als schwierig zu begreifen, sondern auch auf eigene Kräfte zu bauen: Die Kraft, Unsicherheiten zu benennen und sie bewusst auszuhalten; das Vertrauen in die noch unbekannten Chancen einer unvorhersehbaren Zukunft und in die Kraft des eigenen Optimismus, der sie, gepaart mit ihrer guten Intuition, leiten würde.
Das Bild der Schlange, das manchmal in ihren Träumen auftauchte, deutete sie als ein Symbol der Magierin, die das Leben versteht und durchschaut, und die dafür Sorge trägt, dass alles gut wird.

Louisa (42) hatte eine ausgesprochen traumatische Trennung hinter sich. Sie war seit ihrem 16. Lebensjahr mit ihrem späteren Mann befreundet, und die beiden waren als Paar zwanzig Jahre lang einen nicht immer leichten Weg miteinander gegangen. Louisa hatte in diesen Jahren sehr stark an Gewicht zugenommen, und ihr Mann hatte eine larvierte Depression entwickelt. Das Paar hatte vier Kinder zwischen 19 und 10 Jahren. Als sich ihr Mann spontan in eine andere Frau verliebte, war das für Louisa sowohl eine persönliche als auch eine geschäftliche Katastrophe, denn das Paar hatte meh-

rere Ladengeschäfte miteinander aufgebaut und führte sie auch gemeinsam.
Louisa benötigte ein Jahr, um sich wenigstens soweit von ihrem Mann abzulösen, dass sie den Mut aufbrachte, die geschäftlichen Verflechtungen allmählich voneinander zu trennen. Außerdem war sie dann, nach intensiver Bearbeitung von Wut und Trauer, in der Lage, die Scheidung einzureichen. Der Entschluss hierzu fiel ihr ausgesprochen schwer, zumal ihr Mann diese Trennung gar nicht wollte und den rechtlichen und geschäftlichen Status quo gerne weiter beibehalten hätte, da er gut eingespielt war. Louisa wollte das aber nicht mitmachen, obwohl ein finanzieller Schaden drohte.
Sie kommentierte die Zeit ihrer Entscheidungsfindung damit, dass sie dieses eine Jahr dringend gebraucht habe, um für die notwendigen Schritte wirklich reif zu werden.

Ein anderes Beispiel ist die Situation von Regina (54):
Reginas Mann hatte sich vor einem halben Jahr von ihr getrennt, da er eine andere Beziehung unterhielt. Im therapeutischen Gespräch sollte Regina nun Vorstellungen entwickeln, wie sie ihr zukünftiges Leben die nächsten Monate und Jahre leben wollte. Die Entwicklung mittelfristiger Perspektiven war nicht möglich. Sie hatte das Gefühl, an Zukunftsbilder nicht heranzukommen. Sie konnte nur an frühere Zeiten vor ihrer Beziehung anknüpfen, die 27 Jahre zurücklagen. Sie versuchte nun, diese Blockade ganz ruhig und gelassen anzunehmen, sie nicht negativ zu bewerten, sich zu nichts zu drängen und sich erst einmal an Ressourcen aus ihrer Jugend zu erinnern. In dieser wohlwollenden Akzeptanz konnte sie sich entspannen und eine Zeitlang geduldig abwarten, im Vertrauen darauf, dass sie bisher noch immer entwicklungsfähig gewesen war. Diese vertrauensvolle Haltung sollte sich bestätigen. Regina konnte sehr wohl, zu ihrem eigenen Erstaunen, nach einer Zeit des ruhigen Abwartens neue,

auch überraschende Lebensperspektiven entwickeln, die ihr das tägliche Leben wieder als lebenswert erscheinen ließen.

Wir bemerken, dass der Schafhirt über sehr viel Urvertrauen verfügt, eine Fähigkeit, die uns im Umgang mit neuen Situationen oder Krisen sehr nützlich sein kann. In unserem Märchen wird nirgendwo auch nur angedeutet, dass die Situation eventuell eskalieren oder gar entgleisen könnte. Im Gegenteil: Wir spüren, dass es genau dieser der Konfliktsituation innewohnenden Spannung bedarf, um das Geschehen voranzutreiben und damit eine Weiterentwicklung zu fördern. Der Text lehrt uns, dass wir Vertrauen haben und loslassen sollten. Und dass wir uns ruhig Zeit nehmen dürfen für Entscheidungen. Dadurch kann die Sicherheit wachsen, dass es auch aus einer scheinbar völlig uneinschätzbaren Situation immer einen Ausweg gibt; besonders dann, wenn wir so flexibel sind, dass wir das gewünschte Ziel nicht starr fixieren. Der Schafhirt vertraut völlig darauf, dass ihm nichts Böses geschehen wird und schläft folgerichtig erst einmal ein. Er handelt nicht und kontrolliert nichts. Er zeigt uns damit, dass er sich zutiefst geschützt fühlt und deshalb ruhig warten kann. In der mythologischen Unterwelthöhle befindet er sich im Zentrum des Geschehens wie im Auge des Sturms, in dem sehr viel Neues möglich sein wird.

Nadia (34) eine Türkin mit Migrationshintergrund, die perfekt Deutsch sprach und eine gute Arbeitsstelle hatte, kam in die Therapie, um die Trennung von ihrem Mann zu bearbeiten. Sie hatte zwei Töchter (11 und 13 Jahre alt), die sie ohne Hilfe ihres Mannes, der in seinem Stolz gekränkt war und sich um nichts kümmerte, und ohne die Unterstützung einer Großfamilie aufzog. Dies war für sie eine außergewöhnliche Situation, die auch nicht ihrem kulturellen Kontext entsprach. Sie äußerte einmal in einem Gespräch: »Wissen Sie, am Anfang dachte ich, ich komm da nie raus. Ich habe immer eine türkische Ehefrau mit Familie sein wollen. Er hat mich so gedemütigt! Aber heute weiß ich, dass ich es schaffe mit meinen Kindern. Sie sind mein Ein und Alles. Und meine Arbeit, sie macht großen Spaß. Und heute weiß ich, dass ich ein wertvoller Mensch bin! Das macht mich sehr glücklich. Ja, heute bin ich glücklich!«

Mit einer gelassenen Haltung können alle Lebenssituationen offener und optimistischer betrachtet werden. Dadurch entwickelt sich ein veränderter Zugang zu Dingen oder Menschen, der schließlich auch kreatives Handeln möglich macht. Der Durchgang durch die Unterwelt, der übersetzt werden könnte als das Durchleben einer schwierigen Zeit, einer tiefen Krise oder einer angstbesetzten, schweren Konfliktsituation erweist sich somit als »Initiationsweg«. Ohne diese Initiation ist ein weiterer Entwicklungsprozess schwer vorstellbar oder würde vielleicht überhaupt nicht stattfinden.

Dies ist ein Resumée, das wir aus manchen Lebenssituationen ziehen können, selbst wenn wir sie auf keinen Fall noch einmal erleben möchten: Wo stünden wir ohne die vielen durchlebten Krisen? Die Umsetzung des Höhlen- und Schlafsymbols kann uns dabei helfen, Krisen sehr viel bewusster als eine Art »Inkubationszeit« zu verstehen, in der wir darauf vertrauen, dass unsere weibliche Intuition wie selbstverständlich im Unbewussten für uns arbeitet. Es ist eine Zeit, in der wir selbstbewusst warten und versuchen, gelassen zu werden ohne defensiv zu sein. Auf diese Weise lassen sich Hektik und Aktionismus vermeiden und Entscheidungen haben eine Chance, ausgewogen zu sein. Die Dinge bekommen für das Reifen von Lösungsmöglichkeiten die Zeit und den inneren Raum, die notwendig sind.

Wenn wir uns und unserer Umwelt gegenüber eine achtsame Haltung einnehmen, vermeiden wir, uns durch selbst erzeugte Blockaden auf unserem Weg zu behindern. Das Bewusstsein der Weisheitsschlange in uns und ihrer intuitiven *Hekate*-Eigenschaften bei Entscheidungen ist in einer solchen Lebensphase eine gute spirituelle Unterstützung, die uns, bewusst gelebt, vor Verzweiflung und Depression schützt. Dies ist der psychologisch tiefere Sinn der Höhle, in die die Weisheit der Schlange uns führen kann.

Lilith oder die Annäherung an die Schlangengöttin

Selbstwertgefühl und weibliche Wurzeln in der Figur der Lilith

Die Zerstörung des Spiegels
lässt das Bild nicht verschwinden.
Jeder Teil enthält das Ganze.
Jedes Samenkorn enthält den Kern der Größe.
Die weise Frau widerspiegelt
die Möglichkeiten in allen Dingen.
Tao of Women

Dem Hirten kommt es vor, als habe er noch nicht lange geschlafen. Als er jedoch die Höhle verlässt, bemerkt er, dass es bereits Frühling ist, und er erschrickt.

Ein besseres Bild für den Durchgang durch eine dunkle Zeit, die des Winters oder der seelischen Krise könnte es gar nicht geben. Anhand der Jahreszeiten werden wir auf die Quintessenz des Lebenszyklus von Natur und Mensch hingewiesen: Auf das Dunkle folgt in letzter Konsequenz immer Helligkeit. Dies ist die Dynamik des Lebensrhythmus schlechthin, von dem wir ein Teil sind.

Die alte Schlange führt den Hirten nun aus der Unterwelt heraus. Sie ist also im wahrsten Sinne des Wortes ein weiblicher Psychopompos, eine »Seelenführerin«. Der Begriff *Psychopompos* bedeutet wörtlich übersetzt »Seelengeleiter«, denn er geleitet die Seelen der Verstorbenen in Jenseits.

Im Alten Ägypten war der schakalköpfige Gott *Anubis* ein *Psychopompos*, in der germanischen Mythologie führten die Walküren die gefallenen Krieger nach Walhalla und im Christentum sind es der Erzengel *Michael* oder der *Hl. Christophorus*, die die Seelen in den

Himmel begleiten. Sogenannte Christophorus-Plaketten werden deshalb heute noch zum Schutz vor Unfällen in Autos angebracht.

Wir spüren, dass von der Schlange als *Psychopompos* eine magische Kraft ausgeht. In ihr begegnen wir in Wirklichkeit *Lilith,* der Schlange schlechthin. *Lilith* gilt in der hebräischen Mythologie als vorbiblische Frau Adams, bevor es *Chawah* (*Eva*) gab. Sie ließ sich nicht vom männlichen Überlegenheitsanspruch Adams beeindrucken und nahm lieber mutig Leid und Schmerzen in Kauf, als sich in ein vom Mann verordnetes Schicksal zu fügen.

Nach der Überlieferung formte Gott *Lilith*, die erste Frau, genau so, wie er Adam geformt hatte, nur dass er statt reinen Staubes Schmutz und Sediment verwendete. »Adam und Lilith konnten niemals in Frieden miteinander leben; denn wenn er ihr beiliegen wollte, fühlte sie sich durch die liegende Position, die er von ihr verlangte, beleidigt. ›Warum muss ich unter dir liegen?‹, fragte sie. ›Auch ich wurde aus Staub gemacht und bin dir also ebenbürtig.‹ Da Adam versuchte, ihren Gehorsam gewaltsam zu erzwingen, sprach Lilith wutentbrannt Gottes magische Namen aus, erhob sich in die Lüfte und verließ ihn.

Adam beschwerte sich bei Gott: ›Ich bin von meiner Gehilfin verlassen worden.‹ Gott entsandte sofort die Engel Senoi, Sangenoi und Semangelof, damit sie Lilith zurückholten. Sie fanden sie in der Nähe des Roten Meeres, in einer Gegend, die von lüsternen Dämonen wimmelte, denen sie jeden Tag über hundert lilim gebar. ›Kehre unverzüglich zu Adam zurück‹, sagten die Engel, ›oder wir ertränken dich!‹ Lilith fragte: ›Wie kann ich zu Adam zurückkehren und nach meinem Aufenthalt am Roten Meer wie eine ehrbare Hausfrau leben?‹ – ›Wenn du dich weigerst, bedeutet das deinen Tod!‹, antworteten sie. ›Wie kann ich sterben‹, fragte Lilith erneut, ›wenn Gott mir befohlen hat, alle neugeborenen Kinder in meine Obhut zu nehmen – Knaben bis zum achten Lebenstag, dem Tag der Beschneidung, und Mädchen bis zum zwanzigsten Tag? Doch sollte ich jemals eure drei Namen oder eure Bilder auf einem Amulett an einem neugeborenen Kind sehen, so verspreche ich, es zu schonen.« (Ranke-Graves/Patai, S. 80f.)

Nach Ranke-Graves und Patai verkörpert *Lilith* die kanaanitischen (matriarchalen) Frauen. Die frühzeitliche Metropole (6 500-6 000 v. Chr.) kanaanitischer Kultur lag im heutigen Syrien. Die kanaanitischen Frauen verehrten die lokale Göttin *Anat*. Ihnen war voreheliche Promiskuität erlaubt. Wie bei *Lilith* ist auch das Totemtier der *Anat* die Eule. Mit diesem symbolischen Hinweis auf die Göttin *Anat*, die die Geliebte, aber auch oft die Mutter *Ba'als* war, wird *Lilith* indirekt ein ausgesprochen aggressiver, kriegerischer Aspekt zugeschrieben. Die Kriegslust der *Anat* beschreibt folgender Hymnus aus dem 2. Jahrtausend v. Chr.:

»Siehe, Anat kämpft in der Ebene,
sie schlachtet zwischen den beiden Städten,
sie schlägt das Volk der Meeresküste,
vernichtet die Menschen aus dem Osten.

Köpfe fallen unter ihr wie Erdklumpen,
auf ihren Händen wie Heuschrecken,
wie Rindenstücke der Platane Hände der Krieger.

Sie befestigte die Köpfe an ihrer Brust,
band fest die Hände an ihrem Gürtel.

Sie tauchte ihre Knie in das Blut der Starken,
ihre Schenkel in das Gerinnsel der Krieger ...«

(Stuckrad, S. 37)

Das Wesentlichste dieses kriegerischen Aspekts der Göttin ist einerseits die ungebremste, kämpferische weibliche Willenskraft, wie wir sie auch im biblischen Lilithtext finden, andererseits im übertragenen Sinn die Fähigkeit, chaotische Strukturen und Lebenszusammenhänge zu vernichten und wieder neu zu ordnen. Die Göttin wird somit zur *Allgestalterin* und zur *Wandlerin,* die das Fortbestehen der Menschen sichert.

Barbara G. Walker sieht in *Lilith* ein Relikt eines frühen rabbinischen Versuchs, die eigenständige sumerisch-babylonische Göttin *Belet-ili*, d. h. »Herrin der Götter« (akkadischer Beiname Großer Göttinnen, Akkadisch ist eine ostsemitische Sprache, die kurz nach der Zeitenwende in Mesopotamien und im heutigen Syrien verwendet wurde), oder *Belili*, eine sumerische Unterweltsgöttin, in die jüdische Mythologie zu integrieren. Für die kanaanitische Urbevölkerung war *Lilith* wohl selbst die ursprüngliche *Ba'alat*, d. h. die Herrin, die Eigentümerin des Landes, deren männliche Entsprechung *Ba'al*, der Herr, war, der als Vegetations- und Wettergott seinen Sitz auf dem Bergmassiv des Dschebel-el-Aqra (der an der syrisch-türkischen Grenze liegt) hatte. *Ba'al* wurde im syrischen Palmyra als *Baalschamin*, als Gott des Himmels, des Regens und der Fruchtbarkeit verehrt. In der Stadt Ugarit war *Ba'al* nach *El* der Hauptgott. In der phönikisch-ugaritischen Mythologie ist er es, der, ähnlich wie *Marduk*, der akkadische Stadtgott von Babylon, ein Wasser- und Meeresungeheuer namens *Jamm* bekämpfte. *Jamm* wiederum ist dem jüdischen *Leviathan* ähnlich.

Abb. 23: Lilith, »Burney Relief« (19.–18. Jh. v. Chr.)

Das aussagekräftigste Bild, das *Lilith* zugeschrieben wird (vgl. Abb. 23), ist ein babylonisches Relief aus dem 2. Jahrtausend v. Chr., das sogenannte »Burney Relief«, auf dem *Lilith* mit allen damals in diesem Kulturkreis anerkannten Hoheitszeichen großer Gottheiten ausgestattet ist, nämlich mit der dreifachen Hörnerkrone der Könige und zwei Löwen als Begleittieren, wie wir es von den bedeutendsten Göttinnen kennen. So wird z. B. auch die sumerische Göttin *Ishtar* auf einem Löwen stehend abgebildet, als Zeichen ihrer Macht und Stärke. Im sumerischen Tempel von Sharrat-niphi (883 – 859 v. Chr.) wird *Ishtar* sogar durch übergroße Wächter-Löwen symbolisiert, die das Eingangstor flankierten und die Göttin darstellten. Sie ist heute im British Museum in London zu sehen.

Es gibt auch eine Darstellung von *Astarte*, der syro-phönikischen Vegetations- und Muttergöttin, auf einem Löwen stehend mit einer

Abb. 24: Astarte, syro-phönikische Vegetationsgöttin

Schlange in der Hand (vgl. Abb. 24). Bemerkenswert ist, dass diese Zeichen der göttlichen Macht früher ohne Probleme mit weiblicher Stärke assoziiert werden konnten, während sie im europäischen Kulturkreis ab dem Mittelalter fast durchgängig als männliche Herrschaftssymbole galten. Eine Ausnahme bildet die Darstellung Marias in einem englischen Buch. Für »Maria als Sophia auf dem Löwenthron« (1130 n. Chr.) wurde genau diese Herrschafts-Symbolik ebenfalls verwendet. *Maria* als Sinnbild weiblicher Weisheit (Sophia) ist auf diesem Bild mit Insignien der Macht ausgestattet, genauso wie die Mutter-Göttin *Kybele* auf einem Marmorrelief »Weihe an Kybele« (um 380 v. Christus), das sich heute im Pergamon-Museum in Berlin befindet.

Außerdem gibt es eine seltene spätgotische Marien-Skulptur aus Süddeutschland, die die Jungfrau *Maria* mit dem *Jesuskind* wie *Ishtar* auf einem Löwen stehend zeigt. Sie steht im Bode-Museum in Berlin.

Die Eulen zu beiden Seiten der *Lilith* können, neben dem Hinweis auf die Kriegsgöttin *Anat*, als Symbole der Weisheit und gleichzeitig der Wandlung und des Todes angesehen werden. Eulen waren aber auch Symbole des Uterus. In Europa, Asien und Afrika gehörten sie zu einer Familie von Muttersymbolen mit Uteruscharakter, die schützende Funktionen hatten. Die Römer nannten die Eule strix, ein Wort, das dasselbe bedeutete wie Hexe (italienisch: strega). Die Eule taucht auch als Augengöttin auf, deren starre, eulenartige Abbilder in Europa und im ganzen mittleren Osten weit verbreitet waren. Die Eulenfüße der *Lilith* mit Sporen und Klauen verraten ihre dämonischen Kräfte und sind Zeichen ihrer Weisheit. Sie betonen den Nachtcharakter der Göttin. Außerdem galten die Vogelkrallen als besondere Hoheitszeichen im Symbolkontext des Vorderen Orients. Der zum *Marduk*-Symbolkreis gehörende Drache *Mohuschuh*, der das Ishtar-Tor von Babylon ziert (vgl. Abb. 25), hat ebenfalls Vogelkrallen an den Füßen, die als Unterweltsymbole gedeutet werden.

Ihre Kleiderlosigkeit identifiziert die Göttin mit dem Typus der sogenannten Nackten Göttin (vgl. Collon). Dies bedeutet, dass der Gedanke des Kreislaufs des Werdens und Vergehens sowohl in der Natur als auch beim Menschen im Mittelpunkt der religiösen Weltanschauung stand. Sie ist en face, also von vorne, dargestellt, eine

Abb. 25: Schlangendrache Mohuschuh (auch Sirrush-Drache genannt) auf dem Ishtar-Tor, einem der Stadttore Babylons (um 580 v. Chr.)

Haltung, die Selbstverständlichkeit, Selbstvertrauen und Stärke symbolisiert. *Lilith* hält zwei Schnüre in ihren Händen, die in Gebets- und Segenshaltung erhoben sind. Sie gleichen dem ägyptischen Shen-Ring der Isis, einem Kreis oder Oval, festgebunden an einen Stab, der ebenfalls als Symbol des ewigen Kreislaufs von Werden und Vergehen gedeutet wird, als die »allumfassende Seins-Macht der Göttin« (vgl. Weiler 1997, S. 40).

Auch die Flügel der *Lilith* gehören ikonografisch zu den Großen Göttinnen. Sowohl *Ishtar* als auch *Isis* erscheinen in manchen Darstellungen als geflügelte Göttinnen. *Isis* nimmt sogar die Toten in Sarkophagen in ihre geflügelten Arme. Es gibt auch keine kosmische Große Göttin, der die Fähigkeit zu fliegen fehlen würde. Hierzu gehört auch die in Mitteleuropa bekannte Große Göttin *Holle*, mit der *Lilith* ebenfalls in Verbindung gebracht wird, wie Vera Zingsem schreibt (vgl. Zingsem 1999b, S. 45f.). Die Flügel verstärken offenbar auch den beschützenden Aspekt von Gottheiten, wie Terrakotta-Plaketten aus dem Symbolkreis der *Lilith* zeigen. Dies hat sich sogar noch bis in unsere europäische Märchen- und Sagentradition fortgesetzt (denken wir z. B. an die Figur der fliegenden *Baba Jaga* im russischen Märchen von Wassilissa). Wobei die Fähigkeit zu fliegen, egal, ob mit Flügeln oder einem Wagen, nicht realistisch gemeint war, sondern für eine große spirituelle Kraft stand, die die Grenzen von Raum und Zeit überwinden konnte. Die Engel aus der jüdisch-christlichen Tradition haben sicherlich hier ihre Anleihen genommen.

Bemerkenswert ist, dass *Lilith* eine Kette trägt, die wiederum im Vorderen Orient der Liebesgöttin *Aphrodite* zugesprochen wurde. Andererseits ist Nacktheit ein Motiv, das wir aus der Unterweltfahrt von *Inanna* kennen, die sich bei ihrem Abstieg in die Unterwelt nackt ausziehen und alle Hoheitssymbole abgeben musste. Ähnlich wie mit den Eulen, den Vogelkrallen und den Schnüren, die sie in den Händen hält, vereint diese Figur also in unterschiedlichen Symbolen einen doppelten Aspekt: den des Lebens und gleichzeitig den des Todes. Sie deutet auf Tod und Abstieg in die Unterwelt ebenso hin wie auf die Wiedergeburt des Lebens und der Liebe.

Abb. 26: Eva und Lilith unter dem Lebensbaum
(Holzschnitt, erschienen in: Speculum Humanae Salvationis, Augsburg 1470)

Zusammenfassend lässt sich sagen, dass *Lilith* in der sumerischen Kultur als eigenständige, ursprünglich wahrhaft erhabene, umfassende Große Göttin erscheint; und dieses Wissen war im jüdischen Kulturkreis zur Entstehungszeit der Genesis sicher noch vorhanden.

Mit der Erschaffung *Chawas* aus der Rippe Adams entsteht nun im Judentum ein Mythos, der die Vorherrschaft des Mannes endgültig bestätigt und *Chawas* Göttlichkeit bis zur Unkenntlichkeit verschleiert.

Obwohl ja die geringsten Anzeichen von Polytheismus aus den Kanonischen Büchern der Bibel entfernt worden sind, finden sich in der Genesis aber doch immer noch rudimentäre Geschichten über matriarchale Göttinnen und Götter, die in der Gestalt von Engeln, Dämonen oder Ungeheuern auftreten.

Allein die Tatsache, dass die autonome, keinem Mann gehörende *Lilith* als bloßes, erschreckendes Nachtungeheuer, nun schon dämonisiert, in Form einer Schlange *Eva* dazu verleitet, Adam dazu zu verführen, vom Baum der Erkenntnis zu essen, ist voller Hinweise auf matriarchales Kulturgut, wie eine Darstellung aus dem Jahre 1470 zeigt (vgl. Abb. 26). Dort gibt die alte, gekrönte und geflügelte Schlangen-Frau *Lilith* weibliches Wissen in Form der Frucht des Lebens- und Erkenntnisbaumes an die junge *Eva* weiter. In *Eva*, der hebräischen *Chawah*, erscheint also eine Frau, die von einer anderen, wissenderen Frau lernt und durch die dann der Mann wissend wird.

Die Bibel und mystische Texte der jüdischen Kabbala jedoch machen aus den ursprünglich matriarchalen Bildern ein patriarchales Gedankengut und reduzieren dabei die große allmächtige Göttin auf einen Aspekt, den sie dann auch noch verdammen, aus *Lilith* wird eine Hure, eine kinder- und männervernichtende Furie und Nacht-Dämonin. Damit ist Feindschaft gesetzt zwischen *Lilith* und *Eva* auf der einen und *Maria* auf der anderen Seite.

Letztendlich wird mit der Aufspaltung in Reinheit einerseits und Sünde andererseits erreicht, dass Sexualität im Bereich des Verbotenen, Bösen und Chaotischen angesiedelt wird, die keinen Spaß mehr machen soll, sondern zur bloßen christlichen Ehepflicht verkommt. Hier zeigt sich auch die Angst der Männer vor der angeblich ungezügelten Sexualität der Frau. Denn *Lilith* wird im Laufe der Zeit zur verführerischen Hexe gestempelt. Außerdem geht es wohl auch um die Angst vor wissender mächtiger Weiblichkeit – in Anlehnung an die »gestürzte« Große Göttin. Im Laufe ihrer Verdrängung und Verleumdung wurde *Lilith* auch als Kindsmörderin und Bedrohung für die Gebärenden im Wochenbett gesehen. Dies ist nicht unwichtig, weil sie damit zur Bedrohung für die Frauen wird. Gerda Weiler schreibt: »Die Angst-, Spuk- und Schauergeschichten, die über Lilith verbreitet werden, verfolgen das Ziel, Lilith zur Feindin der Frauen zu machen.« Und: »Erst wenn erreicht ist, dass die Frauen selbst ihren Kult ablehnen, ist die Göttin endgültig besiegt.« (Weiler 1991, S. 142)

In *Lilith/Eva* wird die Frau zur Sünderin, und das vor allem im Bereich der Sexualität – und die Schlange ist jahrhundertelang das geächtete Symbol dafür. Genau diese Verbindung zwischen *Lilith* und verbotener Sexualität zeigt das folgende Märchen aus der hebräischen Erzähltradition:

Lilith und der Grashalm

Ein Jude wurde einmal von Lilith verführt und war von ihren Reizen hingerissen. Doch er war darüber zutiefst beunruhigt, und so machte er sich auf den Weg zu dem Zaddik Rabbi Mordechai in Neschiz, um ihn um Hilfe zu bitten.

Nun wusste der Rabbiner, der hellsehend war, dass der Mann kam, und er warnte alle Juden in der Stadt und hieß sie, ihn nicht in ihre Häuser einzulassen und ihm keinen Schlafplatz zu geben. Und als der Mann ankam und nirgends einen Platz fand, wo er die Nacht verbringen konnte, ging er fort zu einem Bauernhof und legte sich in einen Heuhaufen. Um Mitternacht kam Lilith zu ihm und flüsterte:

»Mein Liebster, komm herunter zu mir von deinem Heuhaufen.«

»Warum sollte ich kommen?«, fragte der Mann. »Du kommst doch immer zu mir.«

»Mein Liebster«, sagte Lilith, »in diesem Heuhaufen ist ein Grashalm, gegen den ich allergisch bin.«

»Nun dann«, sagte der Mann, »warum zeigst du ihn mir nicht? Ich werfe ihn weg und dann kannst du kommen.«

Sobald Lilith ihm den Grashalm gezeigt hatte, nahm er ihn und band ihn sich um den Hals, und so rettete er sich für immer aus ihren Klauen.

Die Figur der *Lilith* hat jedoch noch einen ganz anderen Hintergrund (vgl. Walker 1995), denn nicht nur in der Genesis der Bibel werden *Lilith* und das weibliche Symboltier dämonisiert: *Lilith* entspricht nämlich auch der akkadischen *Lilli-tu*, die eine babylonisch-assyrische böse Nachtdämonin ist, die die Männer im Schlaf reizt. *Lilli-tu* enthält die sumerische Silbe *lil*, was soviel wie Sturm oder Wind bedeutet und mit der sumerischen *Kiskil-lilla* gleichgesetzt werden kann. *Kiskil-lilla* bedeutet soviel wie »Windmädchen«. *Kiskil-lilla* wiederum ist eine sumerische Nacht-Dämonin, die sich in den Huluppu-Baum der Göttin *Inanna* eingenistet hat und an dessen Wurzeln nagt. *Inanna* benötigt *Gilgameschs* Hilfe, um der Nacht-Dämonin *Kiskil-lilla* Herr zu werden. Es gibt im *Gilgamesch*-Epos folgende Textstelle dazu:

»In den ersten Tagen, in den allerersten Tagen,
In den ersten Nächten, in den allerersten Nächten,
In den ersten Jahren, in den allerersten Jahren,
In den ersten Tagen, als alles, was zum Leben nötig war, ins Sein gebracht wurde,

In den ersten Tagen, als alles, was zum Leben nötig war,
angemessen ernährt wurde,
Als Brot gebacken wurde in den Schreinen des Landes,
Als Brot gekostet wurde in den Häusern des Landes,
Als der Himmel sich von der Erde fortbewegt hatte,
Und die Erde sich vom Himmel getrennt hatte,
Und der Name des Menschen festgelegt wurde;
Als der Himmelsgott, An, die Himmel davongetragen hatte,
Als der Luftgott, Enlil, die Erde davongetragen hatte,
Als die Königin des Großen Unten, Ereschkigal,
die Unterwelt als ihren Herrschaftsbereich erhalten hatte,

In diesen Zeiten pflanzte sich ein Baum, ein einzelner Baum,
ein Huluppu-Baum
An den Ufern des Euphrats ein.
...
Die Jahre gingen dahin; fünf Jahre, zehn Jahre.
Der Baum wurde dick,
Doch seine Rinde sprang nicht auf.
Dann schlug eine Schlange, die nicht bezähmt werden konnte,
Ihr Nest in den Wurzeln des Huluppu-Baumes auf.
Der Anzu-Vogel setzte seine Brut in die Zweige des Baumes.
Und die dunkle Jungfrau Lilith baute ihr Haus in seinem Stamm.
...«

Gilgamesch kommt Inanna nun zu Hilfe:

»Er betrat Inannas heiligen Garten.
Gilgamesch erschlug die Schlange,
die nicht bezähmt werden konnte.

Der Anzu-Vogel flog mit seinen Jungen in die Berge;
Und Lilith zertrümmerte ihr Haus
und entfloh an wilde, unbewohnte Orte.«

(Zit. nach Stamer/Zingsem, S. 130f.)

Die Schlange als ursprünglich weibliches Symboltier machte also auch hier schon einen Umdeutungsprozess ins Negative durch, der eigentlich der Göttin galt (vgl. Göttner-Abendroth 2004). Was mit dem Tier der Göttin geschehen ist, geschah ihr selbst. In der christlichen Ikonographie wurde sie dann zum Bild der ewigen Verdammnis. Dies wirkt bis heute fort, leider auch in psychologischen Deutungen (wie Gerda Weiler und später Vera Zingsem kritisch analysierten; vgl. Weiler 1991, Zingsem 1999b).

Erneut sehen wir, dass mit dem Symbol der Schlange ganz ursprünglich etwas gemeint war, was heilig, respekteinflößend und mythologisch äußerst bedeutsam war. Dies zu wissen und zu realisieren, sollte Frauen wichtig sein, da in der weiblichen Sozialisation noch immer genügend patriarchale Ideen Platz haben. Es wird unser Selbstwertgefühl als Frauen stärken, wenn wir erkennen, was mit der Schlange und ihrer Kraft ursprünglich verbunden war. Denn jede Frau hat *Lilith*-Anteile in sich, die weise, ordnend, aggressiv und willensstark sind.

Der erste Schritt zur Entwicklung eines stärkeren weiblichen Selbstwertgefühls kann darin bestehen, den individuellen Ist-Zustand der eigenen Lebenssituation klar wahrzunehmen, um dann mutig so zu handeln, wie es sich logisch aus dieser Selbsterkenntnis ergibt. Die Entwicklung eines fundierten, spezifisch weiblichen Selbstwertgefühls bedeutet jedoch keinesfalls, nur zu artikulieren, *was* wir alles *nicht* wollen, *nicht* mehr entschuldigen oder uns *nicht* mehr bieten lassen. Wir müssen vielmehr konkret dazu Stellung nehmen, *was* wir wollen und *wie* wir es gestalten möchten. Vielleicht können wir die unterschwelligen Abwertungsprozesse in unserer Umgebung noch nicht immer erkennen, aber nur das, was wir an Ideen, Idealen und Lebensphilosophien praktisch umsetzen, dient wirklich unserer Reifung.

Leonie (43) ist dafür ein gutes Beispiel. Sie war nach ihrer Trennung von ihrem Ehemann seit zwei Jahren mit einem Mann zusammen, den sie außerordentlich schätzte und liebte. Sie empfand die Beziehung als harmonisch und glücklich. Diese hatte nur einen kleinen, aber nicht unwesentlichen »Schönheitsfehler«: Ihr Partner hatte sich noch nicht richtig von seiner vorherigen Partnerin gelöst. Dies zeigte sich durch seine häufigen »Trennungsversuche« von seiner Noch-Partnerin, die er aber selbst immer wieder schnell zunichte machte. Der Schwebezustand belastete Leonie schwer.
In der psychotherapeutischen Arbeit mit Leonie war es wichtig, ihr zu helfen, den Ist-Zustand zu realisieren, nämlich sein Schwanken und ihr abhängiges Verhalten ihm gegenüber. Durch das Benennen des Ist-Zustandes (»Seine Nicht-Entscheidung ist auch eine Entscheidung!«) wurde es ihr unmöglich gemacht, diesen zu verdrängen oder sich »schön« zu reden, d. h. die Defizite zu rationalisieren und »vernünftig« erklärbar zu machen. Durch diese geistige Übung konnte sie auch leichter und ehrlicher formulieren, was sie eigentlich tun müsste, um sich selbst treu zu bleiben. Letztendlich fiel es ihr sehr schwer, sich einzugestehen, dass sie sich folgerichtig von ihrem Partner trennen müsste. Der Schritt zum Trennungsentschluss war schwierig, denn sie liebte ihren Partner. Hilfreich war, dass sie sich an ihre Würde als Frau erinnerte. Das bestärkte sie darin, diese zu bewahren, indem sie nicht einer einseitigen Orientierung an den emotionalen Schwankungen ihres Partners zum Opfer fiel. Sie wollte nicht mehr tun, was für ihn richtig war, nur um

zu verhindern, dass er sich von ihr trennte, sondern sie wollte so mutig handeln, wie es für sie selbst gut sein würde.

Als ihre Mutter im Sterben lag, erlebte Isabella durch symbolträchtige Traumbilder einen Zuwachs an Kräften, den sie sehr bewusst wahrnahm. Isabella reiste nach Peru, an den Ort ihrer Kindheit, und pflegte ihre Mutter dort zwei Monate lang. Sie musste dann aber aus beruflichen Gründen nach Deutschland zurückkehren. Als sie wieder zu Hause war, hatte sie häufig Schlangenträume, von denen sie sich die eindrucksvollsten Bilder merkte: So träumte sie einmal, das sie in einen anderen Raum gehen wollte. Sie öffnete die Tür und der Türgriff war eine Schlange. Oder sie träumte, dass vor ihr ein See mit trübem Wasser lag, aus dem viele Köpfe von Schlangen aufragten, die ihren Rachen feindlich aufsperrten.
Isabella empfand ihre Träume zwar erschreckend, konnte sie aber später als Ausdruck der Schwellensituation verstehen, in die sie durch den Sterbeprozess der geliebten Mutter gekommen war und die sie durchstehen musste und auch wollte. Die Deutung der Träume als Schwellen- und Krisenträume war hilfreich für sie. Sie verstand die Schlangensymbolik als ein Zeichen, dass diese Schwelle für ihr Leben wichtig sei und ihr geholfen würde. Sie fühlte sich durch ihr Unbewusstes unterstützt.
Nach dem Tod der Mutter hörten die Schlangenträume erst einmal auf. Ein Jahr später, als sie sich darauf vorbereitete, noch einmal nach Peru in das inzwischen leerstehende Haus ihrer Mutter zu reisen, zeigte sich anhand neuer Schlangenträume, welche psychische Weiterentwicklung sie inzwischen für sich erarbeitet hatte. Sie träumte z. B., sie würde auf einer Insel wohnen und es war Krieg. Die Bomben fielen um sie herum. Sie lief um ihr Leben und wusste, sie würde ihre Haustür nicht lebend erreichen. Da schaute sie sich um und sah, dass viele Männer sie mit Gewehren verfolgten und auf

sie schossen. Beim genaueren Hinsehen sah sie aber auch, dass sich viele Schlangen zwischen den Männern und ihr wie eine Barrikade halb aufgerichtet hatten, sodass sie deren weiße Bäuche sehen konnte. Sie bildeten einen Schutzwall, den die Männer nicht überwinden konnten. Daraufhin erreichte sie schließlich ihr Haus.
Nachdem Isabella diesen Traum geträumt und gedeutet hatte, fühlte sie sich genügend gestärkt, um sich mit ihren Erinnerungen an die Kindheit und an ihre vertraute Mutter zu konfrontieren. Sie trat die schwere Reise sehr zuversichtlich an.

Der Gedanke an die Würde als Frau und deren tradierte Wurzeln im Bild der Schlangengöttin kann in schwierigen Augenblicken eine spirituelle Stärkung der Durchsetzungskraft und eine Klärung persönlicher Ziele bewirken. Wenn wir als Frauen unsere spirituelle Beziehung zu unseren Wurzeln im Bild der *Lilith* und ihrem Symboltier, der Schlange, aktivieren, stärken wir das Wissen in uns, dass wir uns vertrauensvoll auf Kräfte und Fähigkeiten verlassen können, die uns schützen, unterstützen und uns den richtigen Weg durch chaotische Lebensumstände weisen.

Die Entfremdung von Schlange und Frau

Die Entwicklung von Selbstschutz im Symbol der Schlange

Wenn sie sich zu sehr anstrengt, verliert sie ihre Verbindung.
Wenn sie immer beschäftigt ist, hat sie keine Zeit übrig.
Während sie sich immer für andere einsetzt, vernachlässigt sie sich selbst.

Wenn sie sich nur über andere definiert, verliert sie ihre eigene Identität.

Die weise Frau bewässert zuerst ihren eigenen Garten.

Tao of Women

Im Fortgang des Märchens muss der Hirt nun wieder in seine alte Welt zurückkehren und sich dabei mit seiner Frau konfrontieren. Er nennt sie ein »böses Weib« und wir gewinnen sofort den Eindruck, als ob der »arme Mann« von unfreundlichen weiblichen Kräften umgeben sei, die stark angstbesetzt sind. Schon die alte Schlange war zuvor negativ beschrieben worden, sie zischt und pfeift, und wir könnten fast ergänzen: »wie ein zänkisches altes Weib«. Den Gegenpol bildet nun ein »schöner Herr«, der mit dem Attribut des Angenehmen versehen wird. Dessen Frage an die Frau, wo denn ihr Mann sei, wird mit der Befürchtung beantwortet, ihr Mann könne nicht nur von Wölfen gefressen, sondern auch von Waldfeen in Stücke gerissen worden sein. Diese Einschätzung der Waldfeen setzt die Negativbewertung des Weiblichen in unserem Märchen konsequent fort:

Dabei steht der Ursprung des Begriffs »Fee« für etwas ganz Bedeutendes: Die alten heidnischen Göttinnen, Stammesvorfahrinnen und Priesterinnen verwandelten sich im französischen, britischen und deutschen Volksglauben allesamt in »Feen«. Dieser Begriff stammt vom mittellateinischen Wort *fatum* ab, steht für Schicksal und wurde als weiblich begriffen. Das weibliche Schicksal trat meist als Dreiergruppe auf, in Gestalt von drei Feen (»*Fatae*«), die den Neugeborenen das Schicksal weissagten. Den Germanen waren die drei Schicksalsgöttinnen als *Nornen*, den Römern als *Parzen* und den Griechen als *Moiren* bekannt. Feen, also die eigentlichen Schicksalsgöttinnen, gibt es in beinahe allen Kulturen und zu allen Zeiten, sei es als arabische *Jinns*, als griechische *Nymphen* oder als skandinavische *Huldren*. Im Märchen vom Dornröschen ist die dreizehnte Fee die Schicksalsfee für die junge Prinzessin (vgl. Walser-Biffiger).

Feen treten in sehr unterschiedlichen Gestalten auf: Es gibt sie als wilde, ungezähmte Sagenfrauen oder als zarte, listige Jungfrauen: »Wildfrauen, Fängginnen, Feen, Hexen, Elfen, Dialen, Mieschfraueli, Alpmuotterli, Bergwybli, Weiße Frauen, Nixen, Quelljungfrauen, Schneefräuleins, Salige und geheimnisvolle Alte gehören zu den häufigsten Gestalten in den alpenländischen Sagen. Sie tauchen als Schatzhüterinnen auf, als Ratgeberinnen, Kräuterkundige, Heilerinnen, Helferinnen, als Hüterinnen der Schwelle zu anderen Welten, als Expertinnen für die Zyklen der Natur und des Lebens.

Wild und ungezähmt erscheinen die Sagenfrauen bisweilen, rauh, aufrührerisch und unverschämt. Und dann gibt's auch feine und zarte, listige und lustige.

Leidenschaftlich durchtanzen sie die Nächte, arbeiten als Spinnerinnen und Sennerinnen, brauen das Wetter zusammen, sausen mit dem Sturm durch die Lüfte und rollen Lawinen zu Tale. Küsse und andere magische Künste wenden sie an, treten als Heilige auf und als Huren, als Prinzessinnen und als Hexen. Und machtvolle Rächerinnen sind sie, wenn gegen ihre Ordnung verstoßen wird.« (Walser-Biffiger, S. 11)

Die Erwähnung der »gefährlichen« Waldfeen erweist sich also in unserem Märchen als Versuch zu verschleiern, dass der Schafhirt mit einer weiblichen Schicksalsmacht in Kontakt gekommen sein könnte, einer Macht, die zwar existiert, die aber im patriarchalen Weltbild störend ist. Hinter dieser Überformung wird die Spur von verdrängter Frauengeschichte sichtbar, in der es eine Kultur der Großen Göttin bzw. der Schicksalsfrauen gab. Zu den patriarchalen Verdrängungsmechanismen gehört es auch, Frauen als Wesen zu zeichnen, die sich selbst von ihrer Kultur abwenden. Und so ist es in unserem Märchen bezeichnenderweise die Frau, die eine patriarchale Denkweise aufweist und die keinerlei Spur mehr von den ursprünglichen Feen übrig lässt.

Neben den in unser Märchen eingearbeiteten Abwertungen des Weiblichen, die eindeutig auf patriarchales Gedankengut hinweisen, steht ein schöner Herr, der beruhigend auf die Frau einwirkt und alles ganz gelassen unter Kontrolle zu haben scheint. Das Ganze wird dann noch dadurch verstärkt, dass dieser Mann ein mächtiger Zauberer ist.

Nun stehen sich zwei Pole gegenüber: Positive Kräfte, repräsentiert durch den übermächtigen Zauberer, versus negative Kräfte, repräsentiert durch die Frau und die Schlange. Die emotionale Richtung des folgenden Geschehens zeichnet sich nun immer deutlicher ab: Weibliche Kräfte und überlieferte weibliche Magie werden diffamiert. Wir werden hier ZeugInnen eines Patriarchalisierungsprozesses, der uns im Fortgang der Geschichte mit einer klaren Einfärbung des Stoffes präsentiert wird.

Auch die Tatsache, dass der Zauberer über ein drittes Auge verfügt, passt in diesen Zusammenhang:

Das dritte Auge wurde immer mit übersinnlichen Fähigkeiten in Verbindung gebracht. Seine Entfaltung brachte visionäre Kräfte hervor wie Hellsehen, Zukunftsvisionen und die Fähigkeit, Dinge wahrzunehmen, die anderswo geschehen. In der buddhistischen Chakren-Lehre entspricht das dritte Auge dem Stirnchakra, dem wichtigsten psychischen Zentrum. Der hinduistische Gott *Shiva*, der die Personifikation des Absoluten ist, des zerstörenden und erneuernden Prinzips, das für Tod und Leben zugleich steht, trägt auf seiner Stirn ein drittes Auge.

Mit dem Hinweis auf das dritte Auge wird dem Zauberer also die Gabe der spirituellen Erkenntnis und Erleuchtung zugesprochen. Damit wird der Kontrast zum »minderwertigen Weiblichen« noch stärker herausgearbeitet.

Die Macht des Zauberers wird anhand eines Beispiels dokumentiert, das wir näher betrachten sollten: Er kann Menschen, die ihm nicht gehorchen, in Widder verwandeln. Der Widder aber stellt in der Mythologie ein ganz besonderes Tier dar.

Widder-Götter waren im Altertum Symbole für Zeugungskraft und körperliche Stärke (vgl. Abb. 27). Sie wurden, wie andere Hornträger auch (z. B. wie der ägyptische Apis-Stier), zum männlichen Sonnensymbol, obwohl in der Prähistorie die ursprüngliche Sonnengottheit weiblich war. Widder-Gottheiten waren in der Mythologie von Stier-Göttern oft kaum zu unterscheiden, denn beide, Widder und Stier, traten als Äquivalente der Sonne auf. In Griechenland und im östlichen Mittelmeerraum nahm die Göttin manchmal die Gestalt eines

Mutterschafs an. In Kanaan wurde z. B. *Astarte* als Mutterschaf verehrt. Barbara Hutzl-Ronge weist, sich auf Buffie Johnson stützend, darauf hin, dass die Verehrung des göttlichen Mutterschafes aus Afrika komme und wohl die ursprünglichere matriarchale lebenspendende Mythenebene darstelle – und unterscheidet dies deutlich vom bereits patriarchal geprägten ägyptischen Widder, der für Kampfkraft und männliche Zeugungskraft stehe (vgl. Hutzl-Ronge 2000). In Ägypten hatte der Schöpfergott *Chnum* die Gestalt eines Widders, und der Kopfschmuck des Gottes *Amun* war ein Widdergehörn mit Sonnenscheibe, was die angenommenen Beziehung des Widders zur Sonne spiegelt. Dementsprechend bestand auch die Prozessionsallee, die zum ägyptischen Tempel von Karnak führte, aus Widderfiguren.

Auch im antiken Griechenland spielte der Widder eine große religiöse Rolle. Bei den jährlich abgehaltenen Panathenäen, einem Fest, das zur Verehrung des auf dem Parthenon aufgestellten *Athene*-Standbilds gefeiert wurde, wurde ein Widder geopfert und sein Fell dem *Athene*-Standbild umgehängt. Aus der Zeit des Perikles (ca. 500 v. Chr.) gibt es Statuen von Kriegern, die auf ihrem Helm links und rechts je einen eingearbeiteten Widderkopf tragen.

Abb. 27: Altsyrische Sphingen mit Widderköpfen (2. Hälfte 9. Jh. v. Chr., Arslan Tasch)

Der gesamte Sagenkomplex der Argonautensage um *Jason* und die Zauberin *Medea* hat ebenfalls mit der Widdersymbolik zu tun, denn er dreht sich um das »Goldene Vlies«, das ein goldenes Widderfell war und die geistige Schöpferkraft des Widders versinnbildlichte.

Als erstes Zeichen im Tierkreis ist der Widder auch eng mit der christlichen Wiederauferstehungssymbolik verbunden. Der biblische *Abraham* opferte beispielsweise anstelle seines Sohnes einen Widder (1 Mose 22). Auf diese Weise konnte durch den Tod eines Tieres anstelle eines Menschen das Leben des Menschen gerettet werden. Die spätere christliche Idee des Opferlammes, das für andere geopfert wird, hat dieselbe Bedeutung und ihren Ursprung in genau dieser alten Tradition. Aus diesem Grund tauchen Bilder von *Christus* als Widderlamm mit Siegesfahne nicht selten als Auferstehungsmotiv in mittelalterlichen Kirchen oder auch in Wappenbildern auf. In der religiösen bayerischen Folklore werden auch heute noch an Ostern, dem Auferstehungsfest *Christi*, Osterlämmer gebacken und mit kleinen Siegesfahnen geschmückt. Im frühmittelalterlichen Dom zu Brandenburg befindet sich sogar eine bemerkenswerte Bronzescheibe, auf der das christliche Symbol des Widderlamms zusammen mit der »heidnischen« Schlangensymbolik dargestellt wird.

Vor diesem Hintergrund wird deutlich, dass mit der Erwähnung der Widder-Symbolik ganz offensichtlich auf ein geistiges Prinzip hingewiesen wird, bei dem es um eine Stellvertreterfunktion geht, die aus der prähistorischen Sonnensymbolik entnommen wurde. Sie tritt offensichtlich dann in Erscheinung, wenn sich dem Zauberer widersetzt wird, d. h. wenn die eigene geistige Freiheit nicht aufgegeben wird. Denn Kopf und Hörner des Widders stehen in der Tradition der ursprünglich weiblichen Rituale von Mysterien für geistige Erleuchtung. Im Märchen bedeutet dies also, dass es Erleuchtung für denjenigen gibt, der sich der patriarchalen Macht (des

Zauberers) nicht beugt. Diese Deutung zeigt sozusagen die matriarchale Ebene des Märchens.

Es könnte aber auch gleichzeitig bedeuten, dass es eine Strafe darstellt, in einen Widder verwandelt zu werden. Diese Interpretation entspräche dem im jüdischen Glauben veränderten Symbol und der im Christentum vorgenommenen Abwertung des Widders, der ursprünglich ein Tier der Göttin war – und enthüllte damit die patriarchale Seite des Märchens. Barbara Hutzl-Ronge verortet den Widder als Begleittier der Göttin in der pelasgischen Schöpfungsmythe von *Eurynome* bei der Göttin *Dione* mit ihrem Gefährten *Krios* (griech. für Widder) und schreibt über den Endpunkt der Veränderung und Abwertung: »Der Gott der Christen selbst wurde mit keinem Tier mehr in Verbindung gebracht. Der Widder ist aber nicht verschwunden. Die Kraft des Widders wurde dämonisiert und als animalisch verdammt. Die Widderhörner gingen auf den Teufel über.« (Hutzl-Ronge 2000, S. 60) Gerda Weiler schreibt, dass *Aphrodite*, zu deren Mutter *Dione* später in der griechischen Mythologie wurde und die ursprünglich eine phönizische kosmische Göttin war, in Griechenland als »Göttin mit dem Bock« auftaucht. (Sie spricht allerdings in dem Buch, in dem sie nachzeichnet, wie die »Göttin mit dem Bock« zur »Hexe mit Teufel» wird, vom Ziegenbock und Steinbock; vgl. Weiler 1997.)

In unserem Märchen ist mittlerweile ein kaum zu übersehender Machtkampf entbrannt, der zwischen positiv dargestellter männlicher Macht und negativ bewerteter weiblicher Macht ausgetragen wird. Denn es ist klar, dass die weibliche Magie ein begehrtes Wissen ist, über das sogar der Zauberer augenscheinlich nicht verfügt. Es handelt sich hier um einen Prozess, in dem sich eine männliche Macht aufbaut, um eine weibliche unterdrücken zu können. Genau diesen kulturhistorischen Prozess spiegelt unser Märchen wider.

Der Text zeigt uns Spuren eines Vorgangs, der über Jahrhunderte in unserer Kultur stattgefunden hat und oft unerkannt bis heute andauert. Dies geschieht, »weil der namentlich erzählte matriarchale Mythos in patriarchalen Gesellschaften mit ihren dogmatischen Großreligionen als ›feindlich‹ oder ›heidnisch‹ galt und sich deshalb für Uneingeweihte nicht zu erkennen geben durfte. Das alte matriarchale Weltbild wurde deshalb dort, wo es ungebrochen weiterlebte: in den sozialen Unterschichten und den geografischen Randgruppen, verschleiert weiter gegeben. Statt von der Mutter-Göttin zu reden wird nur noch von ›der Mutter‹ gesprochen – statt von einer namentlichen Tochter-Göttin oder Hohepriesterin oder Erbprinzessin nur von ›der Prinzessin‹, statt von einem namentlichen Heros nur von ›dem Helden‹. Individuelle göttliche Gestalten werden zu namenlosen Prototypen, ihr verbotener Kult bleibt damit geheim. Aber die alte mythische Struktur, in der diese Gestalten sich bewegen, erhält sich unverändert: So vermittelt das Märchen als verkappter Mythos noch immer dieselbe religiöse Botschaft, und es ist genauso kompliziert wie dieser.« (Göttner-Abendroth 1980, S. 134f.)

Auch der Hinweis auf das Buch, das der Zauberer liest, ist bemerkenswert. Die Erwähnung eines Buches könnte bewusst als Kontrapunkt gesetzt worden sein zu dem geheimnisvollen Kraut, das den Felsen öffnet:

Im Mittelalter konnten meist nur Mönche schreiben und lesen. Die Kirche hatte das Monopol auf jegliche Bildung. Mit Hilfe der Schrift war die Kirche in der Lage, Wissen zu verwalten und zu zensieren. Frauenwissen wurde seit der Inquisition vernichtet, und dies geschah mit überlieferter Heilkunde ebenso wie mit dem Wissen der Hebammen, der Hebe-Ahninnen. Dies ist auch der Grund, warum mit der Vernichtung der weisen Frauen als Hexen die Kinder- und Frauensterblichkeit im Mittelalter sprunghaft anstieg.

Magie wird nun offensichtlich lesbar, magische Formeln werden aufgeschrieben und nicht mehr durch tradierte Rituale von einer Generation zur nächsten, von der Mutter zur Tochter weitergereicht.

Das alte, matriarchale Wissen wurde ursprünglich durch Zuschauen und Nachmachen im Ritual weitergegeben, patriarchales Wissen offenbar durch Nachlesen. Die Höhle wird in unserem Märchen ja auch beim zweiten Mal nur durch das spezielle Kraut geöffnet, und damit wird klar, dass der Kontakt zur alten Schlange auf keinen Fall durch ein Buch hätte hergestellt werden können. Offensichtlich aber geht mit dem Patriarchalisierungsprozess auch eine Änderung der Zugangsart zu alter Weisheit einher. Einweihung in überliefertes, geheimes Wissen musste nämlich praktisch vollzogen werden und konnte nicht bloß nachgelesen werden. Einweihungen waren auch immer seelische Prozesse, die durchlaufen werden mussten. Der Zauberer jedoch übt seine Macht durch Worte aus, die er seinem Buch entnimmt.

Der Zauberer steht sozusagen auf der Schwelle zwischen alter und neuer Religion, Weisheit und Magie. Er verfügt zwar über Schrift und Buch, also über kognitives Wissen, aber gleichzeitig ist er eben ein Zauberer, der Zugang zur Magie hat, die die Kirche vehement ablehnte. In der Figur des Zauberers mit dem Buch wird also deutlich der Übergang zwischen matriarchalem und patriarchalem Denken bzw. Weltverständnis gekennzeichnet.

An dieser Stelle wird klar, dass wir von der Einheit »Frau und Schlange, die für weibliches Wissen steht« inzwischen weit entfernt sind. Waren es zu Beginn der Geschichte noch die Schlangen, die mit Hilfe eines magischen Krauts in eine Goldhöhle krochen, so sind wir jetzt dort angelangt, wo wir zu einer emotionalen Abwendung von den Schlangen hingeleitet werden. Was ursprünglich in der Tradition zusammengehörte, nämlich *Frau und weibliche Weisheit im Schlangensymbol,* wird zwar in der Negativsicht immer noch zusammen geschildert, aber die mit dem Märchentext konfrontierte Frau wird von ihrer ursprünglichen Wurzel abgespalten. Denn der Text suggeriert, emotional Stellung zu beziehen, und zwar gegen die weiblichen Weisheitstiere, die Schlangen. Dies geschieht genau entlang der biblischen Tradition der Genesis, obwohl die Schlange dort als das »Klügste« aller Tiere, die Gott gemacht hat, bezeichnet wird.

Der Vatergott »fragte die Frau: ›Warum hast du das getan?‹ Sie antwortete: ›Die Schlange ist schuld, sie hat mich dazu verführt.‹ Da sagte Gott, der Herr zu der Schlange: ›Du sollst verflucht sein! Auf dem Bauch wirst du kriechen und Erde fressen, du allein von allen Tieren. Und ich bestimme, dass Feindschaft herrschen soll zwischen dir und der Frau, zwischen deinen Nachkommen und ihren Nachkommen …‹

Zur Frau aber sagte er: ›Du wirst viele Beschwerden haben, wenn du schwanger bist, und unter Schmerzen wirst du deine Kinder zur Welt bringen. Es wird dich zu deinem Mann hinziehen, aber er wird dein Herr sein.‹« (1 Mose 3, 13-16)

Wenn wir den Märchentext nun aufmerksam lesen und erkennen, welche ausgesprochenen und unausgesprochenen Inhalte durch die abgewerteten Symbole vermittelt werden, so lässt sich jetzt schon sagen, was wir daraus lernen können: Wir sollten achtsam sein, wenn sich durch Worte emotionale Stimmungen ändern und sich gegen Frauen zu richten beginnen. Wenn wir selbst mit Sprache – die ja unsere Mutter-Sprache ist – sorgfältig umgehen, können wir auch erwarten, dass Frauen gegenüber eine sorgsame Sprache verwendet wird. Sprache und Bewusstsein hängen eng zusammen, und dementsprechend kann subtil abwertende Sprache sich negativ auf das Selbstwertgefühl von Frauen auswirken. Das Märchen könnte uns mit der Rolle des Hirten, der sich aus Angst immer mehr verunsichern lässt und sich, obwohl er ein Auserwählter ist, der männlich-spirituellen Übermacht ohne Kritik oder Gegenwehr beugt, darauf aufmerksam machen, wie wir uns gerade nicht verhalten sollten.

In der Person des Hirten wird uns gespiegelt, wie Selbstunsicherheit, die häufig bei Frauen anzutreffen ist, entsteht. Wobei der Hirt nicht nur durch sein mächtiges Gegenüber und dessen Einschüchterungsversuche unsicher wird, sondern auch deshalb, weil er, wie das Märchen selbst, von einem Beheimatetsein im matriarchalen Kontext in einen patriarchalen wechselt. Er »opfert« seine Göttin, wechselt zur patriarchalen Religion und übernimmt damit auch ein anderes Wertesystem.

Susanne (43) ist ein Beispiel hierfür. Ihr Partner hatte nach 20-jähriger Ehe eine Beziehung mit einer wesentlich jüngeren Frau begonnen. Für Susanne war die Erfahrung natürlich sehr schmerzhaft, dass sich ihr Mann einer anderen Frau zugewandt hatte, aber was sie ganz besonders getroffen hatte und worüber sie fast nicht hinwegkam, waren seine häufigen verbalen Kränkungen, die er in dieser schwierigen Zeit, »unabsichtlich und gedankenlos« von sich gab. Sätze wie »Dein Verfallsdatum hat sich jetzt geändert« (geäußert an ihrem 40. Geburtstag) oder »Ich bleibe bei dir, weil sich die andere nicht von ihrem Freund trennt« kamen ihr immer wieder ins Gedächtnis. Je öfter sie sich daran erinnerte, desto mehr demontierte sie damit automatisch ihr Selbstbewusstsein. In dieser Situation war es für sie völlig unverständlich, dass sie nicht einmal wütend auf ihren Mann werden konnte, denn das hätte ihre Selbstachtung gerettet. Da sie, inzwischen sensibilisiert, ständig neue verbale Kränkungen seitens ihres Mannes entdeckte, aber dennoch die Beziehung mit ihm nicht ›leichtfertig‹ aufgeben wollte, bestand ein wesentliches Ziel in der von beiden gewünschten Paartherapie darin, den Partner anzuleiten, auch verbal achtsamer zu werden. Er lernte mit der Zeit, mit seiner Sprache bewusster umzugehen und auf diesem Weg auch liebevollere Beziehungsbotschaften als bisher an seine Frau zu senden. Es fiel ihm nicht leicht, ein lang eingeübtes, unachtsames männliches Sprachverhalten zu ändern, obwohl er allmählich mehr Einfühlungsvermögen für seine Frau entwickelte und leichter erkennen konnte, was er mit Worten ungewollt anrichtete. Beiden tat dieser langwierige Änderungsprozess gut und mit der Zeit freuten sie sich über einen deutlich sorgsameren Umgang miteinander.

Auf welche Weise aus der Unbekümmertheit eines Menschen allmählich ängstliches, selbstunsicheres Verhalten werden kann, wird am Beispiel des Hirten gezeigt und ist hinlänglich bekannt: Schuldzuweisungen, Verunsicherungen durch Machtgehabe und verbale Abwertungen. Wenn sich solche Prozesse jahrelang in Beziehungen abspielen, sind besonders Frauen gefährdet, sich nicht mehr auf ihren Wert besinnen zu können und die abwertenden Beziehungsbotschaften des Partners unreflektiert zu übernehmen. Das Ergebnis sind dann Minderwertigkeitsgefühle, typisch weibliche Schwellenängste vor neuen Situationen, Depressionen und der Verlust von Selbstvertrauen und Selbstachtung. Es ist sehr wichtig, solche schleichenden Abwertungsprozesse frühzeitig zu erkennen und sich bewusst zu machen, um sich rechtzeitig dagegen zur Wehr setzen zu können bzw. sich abzugrenzen.

Delia (40) litt unter einem psychisch bedingten, sehr schmerzhaften Hautekzem an beiden Händen, vom Arzt als »Hausfrauenekzem« diagnostiziert, dessen Ursache in dem angespannten Verhältnis mit ihren Schwiegereltern zu suchen war. Sie versuchte in der Therapie, das kränkende Urteil ihres Schwiegervaters zu verarbeiten, das er einmal in einem langen Brief an sie formuliert hatte:

»[...] Hätte dein Mann so viel in die Ehe gebracht wie du, dann würdet ihr heute in einer Mietwohnung wohnen und von einem 2. Auto träumen! [...] Meine Frau, deine Schwiegermutter, hat nach dem letzten Ärger mit dir vor Aufregung einen Herzinfarkt bekommen. Der war wohl vorprogrammiert, der Auslöser war dein Benehmen am Tag zuvor. Wahrscheinlich hast du keine gute Erziehung bekommen! [...] Du hast deiner Schwiegermutter so viel gesundheitlichen Schaden zugefügt. Bravo, wie hörig dein Mann dir ist! Ich brauche meinen Sohn gar nie mehr was fragen – den hast du ja schon zu deinem Hampelmann gemacht. [...] Wenn du dir die Zeit genommen hättest und deinen Kindern regelmäßig ein abwechslungsreiches Essen mittags gekocht hättest, hättest du nicht so schlechte Esser daheim. Für dich war alles andere wichtiger. Ich machte dir schon früher diesen Vorwurf, und dazu stehe ich auch heute noch. Du hast bei deinen Kindern große Fehler gemacht. Wenn man die Beleidigte spielt und keine Ratschläge annimmt, wird es auch nicht besser. [...] Du solltest dir langsam überlegen, was wichtiger ist, die Zeit bei deiner Mutter zu verbringen oder ob es nicht besser wäre, diese Zeit daheim den Kindern zu widmen. Damit sie nicht so schlechte Schüler werden wie sie Esser sind. [...]«
Delias Grübeleien kreisten jahrelang um diesen Brief und die damit verbundenen Abwertungen und Kränkungen. Es war deshalb notwendig, dass sie ihre Gedanken und ihre Wut offen formulierte, um nicht Gefahr zu laufen, Minderwertigkeitsgefühle und Selbstzweifel zu entwickeln, die ihre Lebensqualität im Alltag mit Beruf, Partner und drei Kindern eingeschränkt hätten. Sie spürte längst schon eine Entwicklungsblockade, die auch seit Jahren die Beziehung mit ihrem Mann immer wieder beeinträchtigte. Diese Situation konnte in Paargesprächen aufgelöst werden, da die beiden miteinander Abgrenzungen, Kompromisse und auch gute Reaktionen gegenüber den Schwiegereltern erarbeiteten. Dies gab Delia neue Sicherheit,

baute auch ihr Selbstwertgefühl wieder auf und machte sie insgesamt ruhiger und zufriedener.

Frauen sollten ihre Selbstachtung und ihr Selbstwertgefühl nicht nur von positiver (männlicher) Rückmeldung (Chef, Ehemann, Kollegen, Freunde) abhängig machen. Ihre sensible Wachsamkeit sollte den Situationen gelten, in denen sie ausschließlich männliche Maßstäbe und Erfolgskriterien bei der Bewertung der Leistungen für sich geltend machen und dabei weibliches, ganzheitliches Fühlen und Denken als eine wesentliche Dimension der eigenen Beurteilung missachten. Frauen sollten beispielsweise wissen, dass sie sehr wohl ihre Kinder liebevoll betreuen (auch wenn sie nicht 24 Stunden am Tag bei ihnen sind) und den Wert dieser Arbeit niemals in Frage stellen, auch wenn er nicht in Geld- und Karrierevariablen gemessen werden kann. Frauen sollten realisieren, dass Leistungs- und Bewertungskriterien in unserer Gesellschaft immer noch stark männlich geprägt sind, und sich nie kritiklos diesen einseitigen Maßstäben anpassen, denn meist bewirkt das Sich-Messen an männlich definierten Werten einen Absturz des weiblichen Selbstwertgefühls bis hin zur Aufgabe der eigenen Identität oder zumindest das Entstehen eines unbegründeten Minderwertigkeitsgefühls. Im Umgang mit anderen Frauen, die sich auch nicht von männlicher Wertung abhängig machen, entstehen andere Selbstbilder. Die Figur der *Lilith* trat, kulturgeschichtlich betrachtet, schon sehr frühzeitig an, zu betonen, dass sie dem Mann nicht unterworfen sei und als eigene Persönlichkeit mit eigenem Willen und eigenen Werten betrachtet werden wollte!

Der Chaosdrache im Kampf gegen das Patriarchat

Chaos und Gelassenheit im Bild der Drachin

Stolze Königin der Erdgötter,
Höchste unter den Himmelsgöttern,
Laut donnernder Sturm …
o, Du lässt die Himmel erzittern und die Erde erbeben.
Große Priesterin, wer kann Dein aufgewühltes Herz besänftigen?

Sumerische Hymne an Inanna

Die alte Schlange unseres Märchens verwandelt sich nun, nachdem der Hirt seinen Schwur gebrochen hat, aus Rache in einen, wie es heißt, »furchtbaren Drachen«. Damit zeigt sich uns erneut die alte mythologisch-matriarchale Erzählschicht der Geschichte, denn Drachen und Schlangen gehören in ursprünglichen Mythologien eng zusammen. Auch der griechische Begriff »drakon« (d. h. »der starr Blickende«), von dem das Wort Drache abgeleitet ist, ist gleichbedeutend mit »große Schlange«.

Der Übergang zwischen Schlangen- und Drachensymbolik ist fließend. Drachen sind aber mehr als Schlangen. Ihre irreale Gestalt, die Vermischung von Attributen unterschiedlicher Tiere weist sie als unfassbar, unerklärlich, aber auch als machtvoll und unabhängig aus. Sie entziehen sich einer festen Einordnung und stehen auf der Schwelle zwischen den unterschiedlichsten Welten. Drachen sind in allen Kulturen mit elementaren Prinzipien und ungezähmten Energien wie Feuer und Wasser verbunden.

Kunstwerke, die Drachen darstellen, gab es bereits im 4. Jahrtausend v. Chr. Da es jedoch aus diesem Zeitraum noch keine schriftlichen Zeugnisse gibt, lässt sich die Bedeutung der Drachenmotive dieser Zeit nicht sicher erschließen. Sobald dann aber die Schrift als

Begleiterin der Bilder auftritt, wird sichtbar, welch große Bedeutung Drachen in vielen Mythologien einnehmen. Sie spielen eine wesentliche Rolle in den Mythen über Beginn und Ende der Welt, über die kosmischen Rhythmen und die Erschaffung alles Lebendigen.

Vor den Beginn der Welt wird ursprünglich, übrigens auch in der Bibel, die Vorstellung eines dunklen Abgrundes gesetzt, eines tosenden Ur-Meeres. In diesem haust als Personifikation der chaotischen, ungeordneten, aber alles beinhaltenden Zustände ein gewaltiges, meist weibliches Wesen (Drachin), das als Tier mit mehreren Köpfen, Flügeln und Schlangenschwänzen beschrieben wird. Diese archaischen Vorstellungen sind uns selbst heute nicht unbekannt, denn sie haben sich in der einen oder anderen Form erhalten (denken wir z. B. an die neunköpfige Hydra von Lerna der griechischen Mythologie oder an die wohlbekannten mittelalterlichen Darstellungen von Höllendrachen; vgl. Abb. 28).

Abb. 28: Mittelalterliche Darstellung von Höllen-Drachen

Älteste Schöpfungsmythologien, wie das babylonische Weltschöpfungslied, die »Enuma Elisch«, das wahrscheinlich im frühen 2. Jahrtausend v. Chr. entstand, machen die mythische Bedeutung der Drachen noch greifbarer. Die »Enuma Elisch« handelt vom Kampf der *Tiamat*, der akkadischen Ur-Mutter des Alls und aller Gottheiten. Sie kämpft in der Gestalt eines Chaos-Drachen und als Personifikation des Meerwassers zusammen mit *Apsu*, ihrem Gemahl und Gott des Süßwassers, der ihr aber nicht gleichgestellt ist, gegen ihrer beider Sohn Ea. Dieser Mythos ist deshalb so wichtig, weil er eines der ältesten und dauerhaftesten Elemente von Schöpfungsmythologien enthält, nämlich die Verkörperung des Ur-Chaos, des Ur-Ozeans durch einen Wasserdrachen oder eine große Wasserschlange. Diese Vorstellung zeigt sich in allen altorientalischen Kulturen. Ein besonders schönes Beispiel hierfür finden wir bei dem frühgeschichtlichen Volk der Elamer (ca. 4 000 v. Chr. im heutigen Gebiet des Iran bzw. Usbekistans), bei dem Schlangen seit frühesten Zeiten eine besondere Rolle im Kult spielten (vgl. Abb. 29).

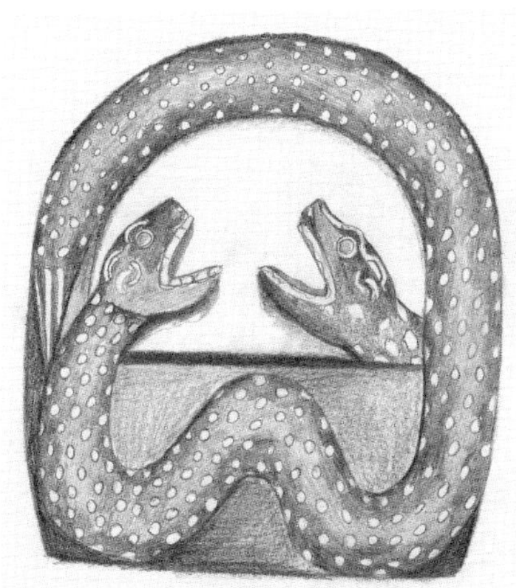

Abb. 29: »Handtasche« aus Chlorit mit 2 Schlangen (3. Jahrtausend. v. Chr., Elam)

Vor der Erschaffung des Kosmos bildeten *Tiamat* und *Apsu* einen Ur-Ozean, indem sie ihre Wasser vermischten. Als *Apsu* seine Kinder töten wollte, weil sie ihm zu laut waren, erfuhr *Ea* davon und tötete *Apsu.* Von *Tiamat,* der Ur-Mutter des babylonischen Kosmos, der allmächtigen Himmelskönigin, wird erzählt, dass sie mit *Apsu* nicht übereinstimmte, sich dann aber doch daran machte, seinen Tod zu rächen und die Götter, die sie geboren hatte, zu vernichten. Dazu gebar sie viele Ungeheuer, mit denen zusammen sie den Kampf aufnahm:

Im Enuma Elisch heißt es: »Die Abgrund-Mutter, die alles erschafft, schuf überdies unwiderstehliche Waffen, gebar entsetzliche Schlangen, mit spitzem Zahn, erbarmungslosen Kiefern, mit Gift anstatt mit Blut, füllte sie ihren Leib. Wütende Drachen bekleidete sie mit Fruchtbarkeit, mit übernatürlichem Glanz belud sie sie, machte sie wie Götter.«

Tiamat war also fähig, aus sich heraus Wesen zu erschaffen. Sie wurde aber schließlich von *Marduk,* dem »Drachentöter«, der der Sohn von *Eas* war, besiegt (vgl. Abb. 30).

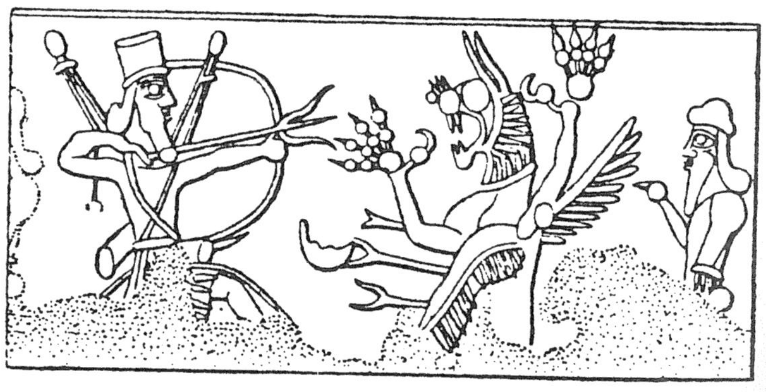

Abb. 30: Marduk kämpft gegen den Drachen, die Große Göttin Tiamat (Assyrischer Siegelzylinder aus Jaspis)

In der biblischen Genesis (1 Mose 1,2) erscheint die Urdrachin *Tiamat* ebenfalls, und zwar als *tehom*: »Die Erde war wüst und leer, Finsternis lag über der *tehom* und die *ruah* schwebte über den Wassern. (Die Erde aber war wüst und leer, Finsternis lag über der Urflut und Gottes Geist schwebte über dem Wasser).«

Dieser chaotische Urzustand herrschte also, *bevor Jahwe Elohim* sein Schöpfungswerk beginnen konnte. Das bedeutet, dass sich der Bibeltext an ältere, matriarchale Quellen aus Babylon anlehnt.

Einen wichtigen Hinweis auf das ursprüngliche Verständnis von Drachen finden wir sogar noch später in der Apokalypse des Johannes im Neuen Testament: Das Ungeheuer, das nach dem Drachenkampf dem Meer entstieg, konnte sich selbst heilen (!) und bezog seine Kraft von einem Drachen. Dieses Tier, das sprach wie ein Drache, wurde wegen seiner Heil- und Wunderkraft verehrt, und das, obwohl es das Sprachrohr des Satans repräsentierte: »Und ich sah ein Tier aus dem Meer auftauchen. Der Drache verlieh dem Tier seine eigene Befehlsgewalt, seinen Thron und seine große Macht. Alle Menschen beteten den Drachen an.« (Joh. 13)

Abb. 31: Marduk tötet die Ur-Mutter Tiamat (Babylonisches Rollsiegel)

Wir sehen also, dass schon früh zweierlei Sichtweisen der Drachen nebeneinander existieren: das alte Wissen um die ursprüngliche Schöpfungsmacht der Drachen, der Ur-Göttin, einerseits und die patriarchale Sicht der Abwertung und Dämonisierung der Drachen andererseits. Die ursprüngliche Chaos-Drachin, die den ungezähmten, dunklen und gewaltigen Abgrund symbolisiert, die in ihrer kreativen Allmacht gebiert und alles auch wieder verschlingen und vernichten kann, wird nun als ausschließlich bedrohlich empfunden und deshalb vernichtet. In der babylonischen Version der Mythen um *Tiamat* wird sogar betont, dass *Marduk* seine Ur-Mutter töten *musste*, damit das Chaos unter Kontrolle gebracht werden und eine geordnete Welt entstehen konnte (vgl. Abb. 31).

Was wir hier dargestellt bekommen, ist die Ermordung der Großen Göttin, damit ein männlicher Gott ihre Stelle einnehmen kann. Doch dieser Mutter-Mord wird in uns bekannten Quellen nicht beklagt (und auch kaum in heutiger Forschungsliteratur). Genauso wenig wie die Ermordung der Großen Göttin *Isis* durch ihren Sohn *Horus*. Dieses Desinteresse ist bezeichnend, zumal »das Thema Muttermord (...) sich auffallend häufig in den indo-europäischen Mythen« findet. (Wolf, S. 203)

Mit diesem Kampf gegen die Drachin, der auch im Alten Testament als Kampf *Jahwes* gegen den weiblichen *Leviathan* auftaucht, beginnt auch die Entwicklung eines neuen Chaosverständnisses: »Es ist nicht mehr der machtvolle, alle Potenziale in sich bergende, der existierenden Welt immanente und zyklisch wiederkehrende Urzustand, die Gebär-Mutter des Kosmos, sondern ein abgründiger Feind, dem ein heldenhafter Gott den Kampf angesagt hat, um eine bestimmte Weltordnung zu errichten ... Das Chaos wird in den Mythen zum Bösen, Dunklen, Destruktiven, Dämonischen, die ursprünglichen Wasserschlangen werden als grausame Wesen mit Zähnen, Klauen, giftigem Blut oder Atem dargestellt. Dies ist der Be-

Abb. 32: Ausschnitt aus dem Gemälde »Die Melancholie« von Lucas Cranach d. Ä. (1532)

ginn der Ideologien, die durch religiös institutionalisierte Gesetze ihre eigene Macht als rechtmäßig, notwendig und gut und alle anderen als gefährlich, böse und destruktiv beurteilen.« (Strieve) Manifestiert werden solche Ideologien auch in der Kunst des Mittelalters und der beginnenden Neuzeit. So stellt der Maler Lucas Cranach in seinem Bild »Melancholie« die depressiven Stimmungen auf einer Schlange reitend dar (vgl. Abb. 32).

Auch ein Kind *Tiamats*, der Drache *Mohuschuh*, macht eine ähnliche Wendung zum abgewerteten Symboltier durch. Er wird zum bloßen, dienenden Wächter von *Marduk*, der nach der Ermordung von *Tiamat* zum König der Götter wird.

Diese Wächterfunktion von Drachen oder Schlangen, die in Bäumen verborgene Schätze kennen und hüten, taucht in der Mythologie häufig auf (*Lilith* hauste auch im Huluppu-Baum und ebenfalls im Baum der Erkenntnis im Paradies). Dabei verdichten sich die Kräfte der Erde in Gestalt von Edelsteinen, Gold und Silber. Auch die goldenen Äpfel der *Hesperiden*, die von der Schlange *Ladon* bewacht wurden, gehören in diesen Zusammenhang. Auf Teneriffa hat sich bis heute im Volksmund eine Variante dieser Mythologie erhalten, die besagt, dass ein Drache, symbolisiert durch einen Drachenbaum, dessen roter Pflanzensaft für das Drachenblut steht, die Gärten der *Hesperiden* bewache, die *Hesiod* interessanterweise auf den Kanaren (ehem. Purpurinseln) angesiedelt hat.

Die christlichen Heiligenlegenden und die unzähligen Drachenkampfmärchen setzen die patriarchale Tradition der Bekämpfung der Drachen als Sinnbild des Bösen fort. Drachen wurden gerade in der Zeit der Kreuzzüge zu einem Symbol des Heidentums (sie standen ja auch für die »alte« Religion), das von den Kämpfern *Christi* besiegt werden musste. Der *Hl. Georg,* der die Jungfrau *Cleolinda* davor rettete, dem Drachen geopfert zu werden, ist sicher das bekannteste und beliebteste Beispiel aus dem christlichen Kulturraum.

Durch den Sieg über den Drachen geschieht allerdings noch etwas: Die Welt wird in einen Hell-Dunkel- oder Gut-Böse-Dualismus gespalten, in dem das »dunkle« Symbol des Drachen unterdrückt und verdrängt wird.

Die Konsequenz ist dann die Entwicklung späterer Weltbilder, in denen die Idee einer neuen Ordnung, eines reinen Geistes über den Abgründen des Körperlichen, des Sexuellen, der zyklischen Naturrhythmen und des negativ bewerteten Weiblichen steht.

Mit *Margarete* von Antiochia und der *Hl. Martha* werden in den christlichen Heiligenlegenden auch zwei Frauen für den Prozess der Abwertung der Drachen benutzt.

Über *Margarete* existieren unterschiedliche Heiligenlegenden. Allen gemeinsam aber ist, dass sie entsetzlich gefoltert wurde, durch

Abb. 33: St. Margaret entsteigt unversehrt dem Drachen (Buchmalerei, ca. 14. Jh.)

das wundersame Wirken Gottes jedoch nicht umzubringen war. Sie besiegte den Teufel, der sie schließlich in Gestalt eines Drachens verschlang. Sie aber brachte seinen Körper zum Bersten und konnte unverletzt wieder aus ihm hervorgehen (vgl. Abb. 33).

Nach Barbara G. Walker ist *Margarete* im Heiligenkanon der Katholischen Kirche eine wichtige und beliebte Figur. Sie gehört zu den 14 Nothelfern und Nothelferinnen – und

Abb. 34: Die Hl. 3 Jungfrauen, rechts St. Margaret mit dem Drachen, in St. Valentin auf der Heide, Kastelruth/Südtirol

mit *Katharina* und *Barbara* zu den Heiligen Drei Jungfrauen (eine Form der Dreifachen Göttin), die im Alpenraum sehr verehrt werden (vgl. Abb. 34). Barbara G. Walker sieht in der Figur der *Margarete* eine Form der Aphrodite *Marina* oder *Pelagia*, der »Perle des Meeres«. Sie war ursprünglich eine Ionische Göttin und verkörperte *Aphrodites* »Perlentor« als Zugang zum Paradies. Die erst in christlicher Zeit hergestellte Verbindung zwischen der in der Heiligenfigur verborgenen Göttin mit dem Symbol des Drachen könnte als Hinweis auf ein überliefertes Wissen gewertet werden, das nicht mehr offen weitergegeben werden durfte und sich deshalb in das übliche Schema der Heiligenlegenden einfügte. Denn *eine* Form des Auftretens der Göttin *Aphrodite* in der christlichen Bilderwelt ist die der Meerjungfrau,

Abb. 35: Meerjungfrau, Fresco an der Fassade von St. Jakobus und den Hl. Drei Jungfrauen, Meransen, Südtirol

der *Melusine* (vgl. Abb. 35), die als Wasserwesen häufig um die Beine des *Hl. Christophorus* schwimmend dargestellt wird. (Barbara Hutzl-Ronge interpretiert, dass diese Darstellungen den Hl. Christophorus als Überwinder der heidnischen Großen Göttin zeigen, vgl. Hutzl-Ronge 2002, S. 200f.) Damit sind wir wieder bei der Verbindung der Göttin mit dem Symbol des Drachen im Element des Wassers und des schöpferischen Chaos.

Martha von Bethanien war die Schwester von *Maria* und *Lazarus*. Sie war es, die sich bei einem Besuch *Jesu* um seine Bewirtung kümmerte. Nach einer mittelalterlichen Legende fuhr sie nach *Jesu*

Tod mit ihren Geschwistern in die Provence, um dort zu missionieren. Im Rhône-Tal, in der Gegend von Tarascon, bekämpfte sie ein weibliches menschenfressendes Ungeheuer, die *Tarasque*, die von dem biblischen Meerungeheuer *Leviathan* geboren worden war. *Martha* machte aus zwei Zweigen, die der feurige Atem der *Tarasque* verkohlt hatte, ein Kreuz, bespritzte das Untier mit Weihwasser, wob anschließend ein Halsband, legte es der Drachin um und führte die *Tarasque* schließlich zurück zum Dorf *Tarascon*.

Zwei Frauen wurden im Christentum zu »Besiegerinnen« des Bösen im Symbol des Drachen. Dass es bei der religiös motivierten Vernichtung von Drachen um die Zerstörung von weiblicher Kraft gerade auch durch Frauen ging und dass dieser Prozess durchaus bewusst wahrgenommen wurde, zeigt eine griechische Ikone aus dem

Abb. 36: Hl. Justina (Mitte), Sergius und Bacchus auf dem dreiköpfigen Drachen stehend (Gemälde von Michael Damaskenos, spätes 16. Jh., im Byzantinischen Museum von Korfu)

15. Jh., auf der, flankiert von den Heiligen *Sergius* und *Bacchus*, die *Hl. Justina* einen deutlich erkennbar weiblichen Drachen mit Brüsten besiegt (gedeutet als Symbol des Bösen, hier der Türken als Besatzungsmacht) und mit Füßen tritt (vgl. Abb. 36). Damit wird die Frau in der Kirche zum Werkzeug gegen das durch sie verkörperte Mysterium der Schöpfung und damit gegen sich selbst eingesetzt. Die evangelische Theologin Elisabeth Moltmann-Wendel interpretiert die *Martha*-Figur allerdings völlig anders und bestätigt damit indirekt die Abspaltung der Frauen von ihrem archaischen Symboltier: »Normalerweise kennt man einen Mann, *Georg*, als Drachenbesieger, aber auch eine Frau ist Siegerin über das Böse – die johanneische *Martha* –, die als erstes hörte, dass *Jesus* die Auferstehung und das Leben ist. Diese *Martha* könnte Frauen ihr verlorenes Selbstbewusstsein in der Kirche zurückgeben. Anstelle des alten *Martha*-Bildes – missgünstig im Hintergrund in der Küche – können wir jetzt ein anderes setzen. *Martha* mit den Insignien einer Hausfrau, die mit dem Drachen die alte Ordnung besiegt.« (Moltmann-Wendel, S. 36)

Die Theologin sieht in der Figur der Drachenbesiegerin sogar einen Fortschritt für die Rolle der Frau in der Kirche: »Ein Einzelmotiv der Drachensage hat sich verselbstständigt: die Frau, die Opfer war, ersetzt nun den männlichen Helden. Gegenüber allen Grenzen der Mythologie ist damit etwas Ungeheuerliches eingetreten: die Frau – selbst dem Drachen nah und mit Drachen immer wieder in Verbindung gebracht: Demeter sitzt auf einem Drachenwagen, die Schlange (der alte Drache) hat häufig einen Frauenkopf – man denke an die Redensart von der Frau als ›Hausdrache‹ – wird konfrontiert mit ihresgleichen. Die Frau ist damit nicht mehr nur Sinnbild des Ungeordneten, Chaotischen, Bedrohenden. Eine Frau besiegt das, was man als Frau fürchtet. Sie wird in der christlichen Legende dem Mann ebenbürtig. Mit *der Martha*-Legende ist ein uraltes patriarchales Symbol aufgehoben, das auf den Dualismus von Mann und

Chaos (= Frau) und der Gleichsetzung Frau = Chaos aufbaut. Die negativ-chaotische Einschätzung der Frau ist durchbrochen. An einer biblisch-christlichen Figur endet die patriarchale Mythologie.« (Moltmann-Wendel, S. 51 u. 52)

Diese theologische Argumentation übersieht allerdings, dass ursprünglich Chaotisches nicht ausschließlich negativ besetzt war, sondern als notwendige Bedingung und Voraussetzung für Neuschöpfung gesehen wurde – und dass der so verstandene Drache weiblich besetzt war, für die allmächtige Göttin stand. Genau diesen wesentlichen Aspekt aber opfert die Frau in der christlichen Heiligenlegende zugunsten einer christlich-patriarchal tolerierten Emanzipation, in deren Gedankengut sie sich einbinden lässt. An dieser Stelle spüren wir deutlich, dass die Argumente der Feministischen Theologie trotz ihrer emanzipatorischen Absichten aus dem patriarchalen christlichen Denksystem stammen und dieses als Theoriegrundlage akzeptierten. Es handelt sich dabei um Gedanken, die das Interpretationssystem des patriarchalen Denkens selbst nicht in Frage stellen.

Gleichzeitig kann natürlich die Tatsache, dass die beiden heiligen Frauen einen Drachen bei sich führen, durchaus als eine verschlüsselte Botschaft verstanden werden, die auf die ursprüngliche Einheit von Frau und Chaos-Drache hinweist. Denn die beiden Frauen töten den Drachen interessanterweise nicht, sondern zähmen ihn nur (vgl. Abb. 37), während männliche Heilige wie z. B. der *Hl. Georg* ihn in der Regel töten.

Wir sehen also, dass mit der Ur-Drachin *Tiamat* schon früh in der Menschheitsgeschichte etwas geschehen ist, was sich thematisch bis in die spätere christliche *Georgs*-Legende fortgesetzt hat: Der Ur-Drache oder auch die Ur-Schlange als Symbol des Lebens und *gleich-*

Abb. 37: Martha fesselt den Drachen (Marthaaltar in St. Lorenz, Nürnberg, 1517)

zeitig des Todes, als Symbol des Weiblichen, das gebiert *und* den Tod bringt wie die Urflut, musste besiegt werden, damit der männlich-patriarchale Weg des reinen Geistes und der neuen Ordnung beschritten werden konnte. Das ältere zyklische Verständnis von Zeit und Chaos als kreativer, sich erneuernder Urkraft veränderte sich mit dem Kampf gegen die Drachin. Es wich einem finalen, linearen Zeitbegriff, bei dem Dinge und Entwicklungen nur aufeinander folgen und nicht einem ihnen immanenten Rhythmus gehorchen. Zeitabläufe konnten gebremst und beeinflusst werden. Der Zyklus von Werden und Vergehen aber, das Wissen um weibliche Schöpfungsmacht und das Vertrauen in deren rhythmischen Ablauf wurden mit der Vernichtung der Chaos-Drachin nicht nur in Frage gestellt: Mit dem Tod von *Tiamat*, der schöpferischen Ur-Drachin, wurde ein grundsätzlich neues Weltverständnis ins Leben gerufen, das bis heute wirksam ist. Die positive Wertschätzung des Chaotischen und Grenzauflösenden, als mögliche Form des immer wiederkehrenden Abschieds und Neubeginns, des gewollten Loslassens, im Vertrauen auf ein tieferes Verständnis von rhythmischer Entwicklung im Lebenszyklus, ist mit der getöteten Drachin *Tiamat* nicht mehr vorgesehen. »*Matriarchat* heißt dementsprechend: *Überwindung der Spaltung* unserer Welt in Gegensätze, Einbeziehung unterschiedlichster Ebenen der Wirklichkeit, Achtung vor dem heiligen Kreislauf des Werdens und Vergehens in der Natur wie auch beim Menschen, Rückbesinnung auf den *weiblichen Aspekt der Gottheit* und damit die Wiedereinsetzung der Göttin an den ihr angestammten Platz. Was wir von den Alten Religionen lernen können, ist aber Folgendes: Die Göttin spielte nicht immer eine solch untergeordnete Rolle wie heute; es hat immer Menschen gegeben, die sich der unermesslichen weiblichen Kraft bewusst waren und diese verehrten.« (Stuckrad, S. 26f.)

Das *Martha*-Motiv wiederholt sich nun in unserem Märchen. Der Zauberer lässt zwar dem Drachen ein Halsband umlegen, aber der Drache setzt sich zur Wehr. Er speit Feuer und Wasser und zeigt sich somit als wahrhaft mythologische Chaos-Drachin mit allen furchteinflößenden Attributen, die sie als ursprüngliche, schöpferische Macht ausweisen.

Die Wasser- und auch Feuer-Symbolik bezieht sich jeweils auf einen Naturkreislauf. Der Wasserkreislauf verbindet Himmel und Erde, denn das Wasser kommt aus der Erde, steigt in die Wolken und ergießt sich wieder auf die Erde. Um sich von der Erde in den Himmel zu schwingen, müssen Drachen als Symboltiere dieses Kreislaufs also fliegen können. Als Wesen des Wasserkreislaufs gehört auch die Erzeugung von Gewitter und Blitz in ihren Bereich. Der Drache im Märchen verkörpert genau dies. Feuerspeiende Drachen können nicht nur die Welt in Schutt und Asche legen, sondern sie sind auch Lichtbringer (der Teufel im Symbol des gefallenen Engels hieß dementsprechend *Luzifer*, d. h. Lichtträger) – also im wahrsten Sinne des Wortes wegweisende und erleuchtete Wesen, die im Flug Himmel und Erde verbinden.

Unser Drache setzt sich mit allen ihm zur Verfügung stehenden Mitteln dagegen zur Wehr, bezähmt zu werden, denn ein kampfloses Kapitulieren würde der Anerkennung einer neuen, patriarchalen Weltsicht entsprechen und damit auch einem patriarchal geprägten Selbstverständnis der Frau.

Die Schilderung der wutschnaubenden Drachin, die die Elemente Feuer und Wasser in ihrer Urgewalt verkörpert, erinnert auch an die schon erwähnte Apokalypse des Johannes und den dort stattfindenden Drachenkampf:

Abb. 38: Der Erzengel Michael tötet einen Drachen, dessen Schwanz vier kleine Köpfe trägt (Russische Ikone, ca. 1600)

»Darauf sah man am Himmel eine gewaltige Erscheinung: Es war eine Frau, die war mit der Sonne bekleidet, hatte den Mond unter den Füßen und trug auf dem Kopf eine Krone von zwölf Sternen …

Dann zeigte sich am Himmel eine andere Erscheinung: ein großer, roter Drache mit sieben Köpfen und zehn Hörnern. Jeder Kopf trug eine Krone. Mit seinem Schwanz fegte er ein Drittel der Sterne vom Himmel und schleuderte sie auf die Erde.

Dann brach im Himmel ein Krieg aus. Michael kämpfte mit seinen Engeln gegen den Drachen. Der Drache schlug mit seinen Engeln zurück; aber er wurde besiegt. Er und seine Engel durften nicht länger im Himmel bleiben. Der große Drache wurde hinunter gestürzt! Er ist die alte Schlange, die auch Teufel oder Satan genannt wird und die ganze Welt verführt. Mit allen seinen Engeln wurde er auf die Erde hinuntergestürzt.

Als der Drache sah, dass er auf die Erde geworfen war, begann er, die Frau zu verfolgen, die den Sohn geboren hatte. Die Schlange ließ riesige Wassermengen aus ihrem Rachen strömen, um die Frau fortzuschwemmen. Aber die Erde kam der Frau zu Hilfe: Sie öffnete sich und schluckte das Wasser auf, das der Drache mit seinem Rachen ausschied.« (Joh. 12-13) (vgl. Abb. 38)

Auch die Chaos-Drachin aus unserem Märchen kann ihrem Schicksal nicht entgehen, denn wie in der Bibel gibt es in unserem Text einen himmlischen Vater, der stärker ist als sie. Unsere Geschichte erzählt hier den Sieg der Vater-Religion über die ursprüngliche, schöpferische Chaos-Macht, ähnlich wie im *Tiamat-Marduk*-Mythos.

Der nun folgende Verlauf der Geschichte zeigt noch einmal, wie sehr die Person des Hirten zwischen alter Ordnung, verkörpert im Drachen, und neuer Ordnung, dargestellt durch die Figur des

Abb. 39: Fußbodenmosaik aus dem byzantinischen Palast, Istanbul

Abb. 40: Ausschnitt aus dem Romanischen Kapellenportal, Schloss Tirol, Meran/Südtirol

Zauberers, steht. Er erweist der Macht des Drachens seine Referenz und bittet um Gnade. Aber offensichtlich kann er die aufgebrachte alte Macht nicht mehr gnädig stimmen, denn »Hilfe« kommt nun aus der Kraft der neuen Ordnung, die inzwischen stärker ist als die alte. Das Dunkle, Chaotische muss im Märchen dem Hellen, Göttlichen weichen.

Symbolisiert wird der lichte, geistige Bereich zunächst durch die Lerche. Lerchen sind Vögel, die hoch in den Himmel steigen können, und somit weist dieser kleine Vogel im besonderen Maß auf die Sphären des Luft- und Lichtreichs und der darin wohnenden Götter, Geister oder Seelen hin.

Seit der Antike war die Darstellung des geistigen hellen Lichtbereiches in Form von Vögeln durchaus gebräuchlich. Eine der frühesten Darstellungen des Kampfes zwischen dem Hellen und Guten und dem Dunklen und Bösen im Symbol von Schlange und Drache zeigt das antike Fußbodenmosaik des byzantinischen Palastes des Oströmischen Reiches in Istanbul (vgl. Abb. 39) und ebenso anschaulich das mittelalterliche Kapellenportal von Schloss Tirol (Provinz Bozen, vgl. Abb. 40). Die Niederlage der Schlange ist unausweichlich.

Dem Licht- und Himmelsbereich entspricht auch im besonderen Maß die Birke, auf deren Blatt der *himmlische Vater* seine Worte schreibt. Birken waren schon bei den Germanen Nordeuropas auf den Himmel und den Himmelsgott bezogen. Sie waren ein wichtiges Kultsymbol und wegen ihrer glänzenden Rinde ein Hinweis auf den glänzenden Himmel. An dritter Stelle wird dann wieder das Gold erwähnt, das hier ebenfalls Symbol des himmlischen Lichts und der Unvergänglichkeit ist.

Wir sehen also, dass alle Symbole, die im Märchen im Zusammenhang mit dem Gottesvater verwendet werden, den Bereich des Lichts und des Geistes als Kontrast zum Unterwelt-Drachen und der Schlange in der Höhle betonen. Das Gold der Höhle als Gebärmutter der Großen Göttin mutiert zum Gold des Himmels und des Geistes.

Die goldene Schrift, mit der der himmlische Vater schließlich seine Worte, die die Macht haben, den Ur-Drachen zu zähmen, aufschreibt, ist ebenfalls etwas ganz Besonderes. Hier taucht auch das Thema des Buches wieder auf, in dem der Zauberer schon gelesen hatte.

Schreiben war noch im Mittelalter eine Kunst, die nicht jedem Menschen zur Verfügung stand. Die Schrift, noch bevor sie das Medium war, Bildung und damit verbunden auch Macht auszuüben, bedeutete die Verdinglichung und Fixierung flüchtiger Gedanken. Hatten geschriebene Worte heilige Inhalte, galten sie als besonderer Schutz gegen die Mächte der Finsternis, wie alte Zauberformeln belegen. Das Wort, und in besonderem Maß das geschriebene Wort, galt als Träger göttlicher Macht. In der biblischen Genesis heißt es: »Im Anfang war das Wort, und das Wort war Gott.« Das Wort Gottes galt also als die schöpferische Energie schlechthin.

All dies ist inbegriffen, wenn unsere Geschichte erzählt, dass der Gottesvater der Lerche ein mit goldener Schrift beschriebenes Birkenblatt gibt, das, auf dem Kopf des Drachen platziert, diesen zwingen wird, zur Erde niederzusteigen. Der Ur-Drache bekommt also seinen Platz im Unten, Chaotischen, Dunklen, das im patriarchalen Denken dem Bösen zugeordnet ist. Im Bereich des Hellen, Geistigen und Lichtvollen ist für ihn kein Platz vorgesehen. Er wird vom geistigen Prinzip bezwungen und damit in den Bereich des Unbewussten und Instinktiven abgedrängt.

Unser Märchen endet hier. Wir erfahren nichts mehr über den Verbleib des Drachen, aber die Dualität zwischen dem geistigen

Abb. 41: Fresko in der Panagia und Sotiros-Kirche in Roustika (1381/82, Kreta)

Oben, das dem Männlichen zugeordnet wird, und dem nun als Unten beschriebenen archaischen Weiblichen ist erfolgreich hergestellt.

Das Märchen zeigt, wenn es richtig verstanden wird, den Übergang von der matriarchalen zu der patriarchalen Lebenswelt und dass die Geschichte der Schöpfergöttin im Symbol von Chaosdrache und Schlange die der Frauen in den vergangenen Jahrtausenden ist. Die Leitbilder der Frauen sind, wie wir an den Beispielen *Maria*, *Martha* oder *Margarethe* sehen können, weit entfernt von der Achtung, die der hoheitsvollen Figur der Ur-Drachin gebührt.

Ein eindrucksvolles Bild, das die verloren gegangene Einheit von Frau, Schlange und Drache darstellt, befindet sich in der kleinen orthodoxen Kirche von Roustika auf Kreta (vgl. Abb. 41). Wir sehen eine majestätische Frau, in Purpurrot gekleidet (die rote Göttin), die auf einem Drachen reitet und eine Schlange füttert, die sich über ihr Haupt windet. Die Frau wird zwar üblicherweise als »Ecclesia« (d. h. Kirche) interpretiert, die auf dem Drachen als Symbol des Bösen reitet und der die Schlange der Verführung aus der Hand frisst. Die Frau bzw. die christliche Kirche beherrscht nach dieser Interpretation die Elemente des Bösen und hat sie bezwungen. Diese Darstellung könnte natürlich auch völlig anders gesehen werden, nämlich dass Frau, Ur-Drachin und Schlange ursprünglich zusammengehörten und dass hier die Frau in der Weisheit des von ihr verkörperten Natur- und Lebenszyklus dargestellt ist. Denn im Zuge der Christianisierung wurden viele ursprünglich matriarchale Symbole aufgegriffen und dann von der Kirche umgedeutet, wohl um bei der Bevölkerung auf weniger Widerstand zu stoßen.

Diese Darstellung zeigt uns die Schönheit eines facettenreichen Symbols voller Schöpferkraft, dessen Repräsentantinnen wir alle sind.

Es ist auch nicht selten, dass Frauen einen intuitiven Zugang zum Symbol von Schlange und Drache haben, wie der folgende Traum von Uta (56) zeigt:

»Ich gehe auf einem Bahndamm entlang. Auf einmal kriecht eine Schlange auf mich zu. Sie ist silbern-grau, ich habe aber keine Angst. Ich versuche, in eine andere Richtung zu gehen, da kriecht die Schlange auf einmal vor mir her. Ich sehe, wie ihr flossenartige Gebilde am Kopf wachsen, mit denen sie fliegen kann. Sie verwandelt sich in der Luft in eine Frau, fliegt auf mich zu und schaut mich an. Ich ziehe mein Feuerzeug aus der Tasche und blase das Feuer in ihre Richtung. Darauf bläst sie das Feuer zu mir zurück und es entsteht eine Feuerwand. Das ist aber nicht schlimm, das Feuer erlischt und wir sprechen dann miteinander.«

Die Verteufelung der Drachin, die zum Urbild des Bösen stilisiert wurde, die zum Sinnbild von Sünde, Tod und Verderben gemacht wurde, dieser Fluch, mit dem die Frau im Symbol belegt wurde und der zur jahrtausendelangen Unterdrückung und Missachtung von Frauen führte, sollte wieder einem veränderten Selbstbild von Frauen weichen. Besonders im Symbol der Chaos-Drachin dürfen die kreativen und kulturbildenden Potenzen von Frauen aufgerufen werden. Ursula (44) hatte folgenden Traum:

»In meinem Traum befand ich mich im Kreis meiner besten Freunde und meiner Familie. Mir wurde ein Rätsel gestellt. Ich musste durch ein Labyrinth gehen und verschiedene Aufgaben lösen. Was am Ende dabei herauskommen würde, wusste ich nicht. Nachdem alles erfolgreich gelöst war, und ich durch das Labyrinth durch war, erwartete mich ein riesiger, grasgrüner Drache in einem Silo. Mir stockte förmlich der Atem und ich dachte: ›So ... und was passiert jetzt?!‹ Ich hatte fürchterliche Angst. Aber der Drache riss nur sein Maul auf, drehte sich um und rollte sich gemütlich zusammen. Ich stand da, wie vom Donner gerührt, und dachte noch: ›War das etwa alles?‹ Dann wachte ich auf. Es war kein dunkler Traum, alles war in warmen, hellen Farbtönen.

Das Fazit des Traumes ist für mich: Mein Leben ist zurzeit ziemlich schwer und ich habe sehr große Angst, es nicht bewältigen zu können. Aber: Es ist viel Lärm um Nichts, und ich mache mir viel zu sehr Sorgen um etwas, das gar nicht so schlimm ist (Drache). Es ist für mich ein ›Mut-mach-Traum‹.«

Wir sollten als Frauen wieder einen Bezug aufbauen zu den positiven Bildern, die Schlangen und Drachen transportieren, als Symbole von Heilung, Weisheit, Weissagung und Zauberkraft, von Wandlung, Verjüngung und Veränderung. Die Chaos-Drachin muss in einem richtig verstandenen Bild von Schöpfung und Neubeginn Altes beseitigen, damit Neues kreiert werden kann.

Im Symbol von Drachin und Schlange erhalten Frauen identitätsstiftende Anregungen für ein Selbstverständnis, das Frauen früherer Zeiten offensichtlich hatten und das in matrizentrierten Kulturformen bis heute auch von Männern getragen und mitgelebt worden ist und wird. (Es gibt sehr informative Veröffentlichungen, die heutige teilweise noch nach matriarchalen Strukturen lebende Völker beschreiben, z. B. die Matriarchats-Bücher von Heide Göttner-Abendroth, »Als alle Menschen Schwestern waren. Weiblichkeit in matriarchalen Gesellschaften – gestern und heute« von Irene Fleiss, »Juchitan. Stadt der Frauen. Vom Leben im Matriarchat« von Veronika Bennholdt-Thomsen. Außerdem gibt es Filme, die solche Gesellschaften zeigen, z. B.: »Matriarchat der Mosuo« von Heide Göttner-Abendroth, »Die Töchter der sieben Hütten. Ein Matriarchat in Indien« von Uschi Madeisky und Klaus Werner.) Frauen verstanden sich als Kulturschöpferinnen, und dabei war der Frauenkörper ebenso wie das Bild von Schlange und Drachin ein Symbol der Einheit des gesamten Lebenskreislaufs, bei dem Chaos, Neuschöpfung und Geburt *das* zentrale Ereignis schlechthin war.

Schöpferisches Neugestalten, und zwar als körperliches *und* geistiges Prinzip, sollte für Frauen immer einen wesentlichen Teil ihres Selbstverständnisses ausmachen. Konkret bedeutet dies, sich zu bemühen, in allen Lebensbereichen mutig und gleichzeitig kreativ zu sein, aus einer bewusst gelebten und empfundenen Einheit von Kopf und Gefühl, von rationalem und emotionalem Denken. Eine Klientin (28) bezeichnete diese Einheit einmal als ihre »Überzeugung«, nach der sie jederzeit sicher handeln könne.

Diese notwendige Kreativität entwickeln Frauen oft unter dem Druck schwierig verlaufender Trennungssituationen, und besonders auch dann, wenn es um die psychische und physische Existenz ihrer Kinder geht:

Carola (40) hatte mit 18 Jahren ihren Mann kennengelernt und mit 19 Jahren, mitten in den Abiturprüfungen, ihr erstes Kind geboren. Sechs Jahre später gebar sie dann ihre zweite Tochter. Als sie 35 Jahre alt war, entwickelte ihr Partner eine bipolare, manisch-depressive Störung und diese belastete die Familie sehr. Die Psychose führte dazu, dass er, bedingt durch mehrere aufeinander folgende Kündigungen, die Familie nicht mehr finanziell unterstützen konnte.

Carola hatte inzwischen mehrere Ausbildungen absolviert. Sie hatte sich zur Marketingleiterin einer mittelständischen Firma hochgearbeitet und konnte deshalb auch in schwierigen Zeiten das finanzielle Auskommen der vierköpfigen Familie kontinuierlich und stabil sichern.

Nach einigen Jahren beschloss Carola, sich von ihrem Mann zu trennen, da sich dieser an seinem Gesundungsprozess nicht mehr aktiv beteiligte bzw. ihn sogar boykottierte und damit seine Familie finanziell in den Ruin zu treiben drohte. Carola hatte sich diese Entscheidung keineswegs leicht gemacht, denn sie fühlte sich ihrem Partner gegenüber verantwortlich. Schließlich siegte aber der Gedanke, ihren Töchtern eine Kontinuität sowohl in wirtschaftlicher als auch besonders in emotionaler Hinsicht zu schaffen, die nicht durch die ständige Unzuverlässigkeit ihres Partners und seine massiven Stimmungsschwankungen untergraben werden konnte.
In dieser Situation entwickelte Carola enorme kreative Kräfte: Da sie das kleine Haus, in dem die Familie wohnte, in dieser verunsicherten Zeit für die beiden Kinder als stabilen Bezugspunkt erhalten wollte, entwarf sie ein kluges, langfristig wirksames Finanzierungsmodell, das ihren und ihrer Kinder Wohnort zunächst sicherte.
Als Nächstes ging sie daran, ihren Arbeitsplatz so zu strukturieren, dass sie eine bestimmte Anzahl von Stunden von zu Hause aus arbeiten konnte, um so für ihre beiden Töchter (inzwischen 17 und 11 Jahre alt) nachmittags für alle Fragen, Schularbeiten etc. ansprechbar zu sein. Alle diese Überlegungen bedurften einer enormen strategischen Planung, um überhaupt realisierbar zu sein und allen Beteiligten, seien es Kinder oder der Ex-Mann mit seinen eingeschränkten Möglichkeiten, einschließlich ihrer selbst gerecht zu werden.

Frauen setzen auch häufig ein anderes Maß der Dinge als Männer. Sie betrachten die Welt unter einem ganzheitlichen Blickwinkel, der zur männlichen Sichtweise oft völlig konträr ist. Dies ist übrigens auch eine der häufigsten Ursachen für viele Missverständnisse, die zwischen Männern und Frauen entstehen. Am Beispiel von Carola wird klar: Sie trennte sich sowohl von früheren

Lebensplänen als auch von einem Menschen, mit dem sie viele Jahre einen gemeinsamen Weg gegangen war. Es war irgendwann nicht mehr so wichtig, dass sie diese neuen Lebenssituationen oft als unbarmherzig empfand und sich als Opfer nicht verschuldeter Umstände sah. Sie konnte begreifen, dass diese Opferhaltung sie in ihrer Entwicklung nicht weiterbrachte, sondern eher daran hinderte, mutige Schritte in die Zukunft zu tun. Sie ließ allmählich Altes los, ging durch einen schwierigen Trauerprozess und stellte dann nach und nach für sich und die Töchter neue, stabile Lebensumstände her. Diese Situation ist mythologisch sehr gut vergleichbar im Bild des Häutens der Schlange oder im Symbol der kriegerischen Göttin *Anat*, die Chaos ordnet zugunsten einer neuen Lebenssituation.

Drache und Schlange im Bewusstsein von Frauen können genau dies bewirken: Mut zu fassen in Situationen, die so schwierig erscheinen, dass zunächst kein Ausweg in Sicht ist. Und dennoch: Frauen können sich immer wieder daran erinnern, dass das Ordnen des täglichen Chaos und das schöpferische Gebären als körperliches *und* geistiges Prinzip etwas genuin Weibliches ist.

Die Besinnung auf dieses weibliche Prinzip, das in den uralten Symbolen von Schlange und Drache verkörpert ist, zeigt sich allerdings oft nur in Kleinigkeiten, z. B. in der Erfindungskraft von Frauen, die den Dingen einen eigenen, neuen Namen geben und sie damit in einen anderen Sinnzusammenhang stellen. Die Frau muss und darf sich durchaus verstehen als Kulturschöpferin. Es bedarf dafür keiner großen Worte und Taten, denn Entwicklung entsteht im Kleinen, Unscheinbaren.

Isabella erzählte nach ihrer Rückkehr aus Peru, wo sie sich intensiver als zuvor mit dem Tod ihrer Mutter auseinandergesetzt hatte,

folgenden Traum: »Ich liege in einem Bett und bin von vielen Schlangen umringt. Sie liegen überall auf mir, über mir und unter mir. Auf einmal ringelt sich eine Schlange auf meinen Kopf und küsst mich mitten auf meine Stirn.«
Nach diesem Traum erwachte Isabella mit einem sehr unruhigen und verwirrten Gefühl. Der Traum ließ sich aber ihrer aktuellen seelischen Befindlichkeit gut zuordnen: Es ging um neue Erkenntnisse, die ihr tägliches Leben hinterfragten und sie motivierten, ihre bisherigen Lebenspläne zu überdenken und kreative Ideen zuzulassen.

Zusammenfassend lässt sich sagen, dass Frauen in der Rückbesinnung, der Re-flexion auf die Symbole von Schlange und Drache eine große Bereicherung für ihr Leben erhalten können. Frauen dürfen sich zugehörig fühlen zu den ursprünglichen Qualitäten von Schlange und Drachin, sei es im Bereich der Heilkunst, sei es als »Schöpfergöttin«, die mutig Altes aufgibt und Kreatives konzipiert und die Chaos als schöpferischen Zustand versteht. Dies ist eine Sicht der Dinge, die sich grundsätzlich und wesentlich unterscheidet von dem üblichen weiblichen Anspruch, sich für alles verantwortlich zu fühlen und alles regeln zu wollen. Diese »normale« und durchaus bekannte weibliche Herangehensweise an chaotische Zustände, welcher Art auch immer, erzeugt seelischen Druck; die andere Betrachtungsweise, in Anlehnung an die Urbilder von Schlange und Drachin, dagegen bewirkt wirkliche Gelassenheit, die von innen heraus kommt und auch genauso wahrgenommen und empfunden wird. Wir bestimmen die Sicht auf unsere Wirklichkeit schließlich weitgehend selbst und im Wissen dieser »Macht der Gedanken« können wir uns mit den positiven Eigenschaften von Schlange und Drachin identifizieren. Unter dieser Voraussetzung könnten Frauen warten, bis sich die Wogen des Chaos geglättet haben, im Vertrauen auf eigene Selbstheilungskräfte, seien sie physisch oder psychisch. Es ist der Weg zu den Wurzeln, der die alte, ursprüngliche weibliche Kraft im Bewusstsein aktiviert und aus ihr heraus kreativ Neues schafft. Dessen gewiss zu sein, wird Frauen immer ein gutes Selbstwertgefühl schaffen, das auf einer liebevollen Selbstachtung basiert.

Literaturverzeichnis

Achterberg, Jeanne: Die Frau als Heilerin, Goldmann 1994

Ägypten. Symbole der Kulturen, München 1996

Assmann, J.: Religion und kulturelles Gedächtnis, München 2000

Beckmann, Barbara u. Dieter: Das geheime Wissen der Kräuterhexen, München 3/1999

Bellinger, Gerhard J.: Knaurs Lexikon der Mythologie, Augsburg 2000

Bodini, Gianni: Steine. 4000 Jahre Megalithkultur in Europa, Innsbruck u. Bozen 2/2003

Bream, Harald: Magische Riten und Kulte, Stuttgart/Wien 1995

Brinton Perera, Sylvia: Der Weg zur Göttin der Tiefe, Interlaken 1990

Brunner, Hellmut: Die Weisheitsbücher der Ägypter, Düsseldorf u. Zürich 1997

Campbell, Joseph: Mythen der Menschheit, München 1993

Cherry, John (Hg.): Fabeltiere. Von Drachen, Einhörnern und anderen mythischen Wesen, Stuttgart 1997

Collon, Dominique: The Queen of the Night, London 2007 (Reprint)

Croissier, Gertrude R.: Psychotherapie im Raum der Göttin. Weibliches Bewusstsein und Heilung, Schalksmühle 2007

Derungs, Kurt: »Ahninnen-Steine«, in: Bodini: Steine, Innsbruck u. Bozen 2/2003, S. 126 - 130

Eggebrecht, Arne (Hg.): Suche nach Unsterblichkeit – Totenkult und Jenseitsglaube im Alten Ägypten, Hildesheim und Mainz 1990

Farrant, Sheila: Die Kraft weiblicher Symbole, Braunschweig 1997

Francia, Luisa: Drachenzeit, München 5/1996

Frischbier, Hermann: Hexenspruch und Zauberbaum, Leipzig o.J. (Reprint von 1870)

Geary, Patrick J.: Am Anfang waren die Frauen. Ursprungsmythen von den Amazonen bis zur Jungfrau Maria, München 2006

Gebert, Helga: Riesen & Drachen. Märchen, Weinheim und Basel 1988

Gimbutas, Marija: Die Sprache der Göttin, Frankfurt am Main 1995
Dies.: Die Zivilisation der Göttin, Frankfurt am Main 1996
Dies.: The Living Goddess, London 1999
Giorgi, Rosa: Engel, Dämonen und Phantastische Wesen, Berlin 2004
Göttner-Abendroth, Heide: Die Göttin und ihr Heros, München 9/1980
Dies.: Das Matriarchat; Bd. I u. II, 1, Stuttgart 1989 u. 1991
Dies.: Die tanzende Göttin, München 1991
Dies.: Inanna, Gilgamesch, Isis, Rhea. Die großen Göttinnenmythen Sumers, Ägyptens und Griechenlands, Königstein/Taunus 2004
Gorys, Erhard: Lexikon der Heiligen, München 2/1998
Gould Davis, Elizabeth: Am Anfang war die Frau. Die neue Zivilisationsgeschichte aus weiblicher Sicht, Frankfurt am Main u. Berlin 2/1990 (Dt. Erstausgabe: München 1977)
Graham, Lanier: Göttinnen, München 1997
Grant, Michael u. Hazel, John: Lexikon der antiken Mythen und Gestalten, München 11/1995
Hämmerling, Elisabeth: Mondgöttin Inanna, Zürich 1990
Handwörterbuch des deutschen Aberglaubens, Berlin u. New York 1987
Hart, George: Ägyptische Mythen, Stuttgart 1993
Heinson, Gunnar u. Steiger, Otto: Die Vernichtung der weisen Frauen, München 1989
Holzapfel, Otto: Lexikon der abendländischen Mythologie, Freiburg 1993
Hornung, Erik: Die Unterweltsbücher der Ägypter, Düsseldorf u. Zürich 1997
Hurwitz, Siegmund: Lilith. Die erste Eva. Eine Studie über dunkle Aspekte des Weiblichen, Einsiedeln 3/1993
Hutzl-Ronge, Barbara: Feuergöttinnen, Sonnenheilige, Lichtfrauen. Mythen, Sagen und Sternzeichen zum Feuer, München 2000
Dies.: Quellgöttinnen, Flußheilige, Meerfrauen. Mythen, Sagen und Sternzeichen zum Wasser, München 2002
Joger, Ulrich u. Luckhardt Jochen (Hg.): Schlangen und Drachen, Kunst und Natur, Braunschweig 2008

Johnson, Buffie: Die Große Mutter in ihren Tieren, Freiburg 1990
Kast, Verena: Der schöpferische Sprung, Olten 2/1986
Dies.: Märchen als Therapie, Olten 2/1986
Dies.: Die Dynamik der Symbole, Olten 2/1990
Kiss, Kathrin: Brücken und Flügel: Rituale zu den Wendepunkten des Lebens, Düsseldorf 1999
Knaurs Etymologisches Lexikon, München 1992
Koch, Heidemarie: Frauen und Schlangen. Die geheimnisvolle Kultur der Elamer in Alt-Iran, Mainz 2007
Koltuv, Barbara Black: Lilith, Berlin 1994
Kutter, Erni: Der Kult der drei Jungfrauen. Eine Kraftquelle weiblicher Spiritualität neu entdeckt, München 1997
Lurker, Manfred: Lexikon der Götter und Symbole der alten Ägypter, München 3/1995
Ders.: Wörterbuch der Symbolik, Stuttgart 5/1991
Meier-Seethaler, Carola: Von der göttlichen Löwin zum Wahrzeichen männlicher Macht, Zürich 1993
Meixner, Gabriele: Frauenpaare in kulturgeschichtlichen Zeugnissen, München 1995
Metz, Pamela K. u. Tobin Jacqueline L.: The Tao of Women, Shaftesbury 1997
Moltmann-Wendel, Elisabeth: Ein eigener Mensch werden. Frauen um Jesus, Gütersloh 1980
Müller-Ebeling, Claudia,/Rätsch, Christian/Storl, Wolf-Dieter: Hexenmedizin. Die Wiederentdeckung einer verbotenen Heilkunst – schamanische Traditionen in Europa, Aarau 2/1992
Narby, Jeremy: Die kosmische Schlange. Auf den Pfaden der Schamanen zu den Ursprüngen modernen Wissens, München 2004
Politeia. Ursprünge – Matri Arche 2006. Historischer Monatskalender, hg. vom Lehrgebiet FrauenGeschichte der Universität Bonn & Haus der Frauengeschichte hdfg, Bonn

Politeia. Weibliche Macht – Matri Arche 2007. Historische Monatskalender, hg. vom Lehrgebiet FrauenGeschichte der Universität Bonn & Haus der Frauengeschichte hdfg, Bonn

Ranke-Graves, Robert v.: Die weiße Göttin. Sprache des Mythos, Reinbek bei Hamburg 1985

Ders.: Griechische Mythologie, Reinbek bei Hamburg 1992

Ders. u. Patai, Raphael: Hebräische Mythologie, Reinbek bei Hamburg 1986

Reddemann, Luise: Imagination als heilsame Kraft, Stuttgart 5/2001

Riedel, Ingrid: Die weise Frau in uralt-neuen Erfahrungen. Der Archetyp der alten Weisen im Märchen und seinem religionsgeschichtlichen Hintergrund, Olten 2/1990

Rinkenbach, Iris u. Hodapp, Bran O.: Das große Buch der Drachen, Darmstadt 2002

Schmeer, Gisela: Das Ich im Bild. Ein psychodynamischer Ansatz in der Kunsttherapie, München 1992

Shuker, Karl: Drachen. Mythologie – Symbolik – Geschichte, Köln 2006

Sproul, Barbara C.: Schöpfungsmythen der westlichen Welt, München 1994

Stamer, Barbara u. Zingsem, Vera: Schlangenfrau und Chaosdrache in Märchen, Mythos und Kunst. Schlangen- und Drachensymbolik im Kulturvergleich, Stuttgart u. Zürich 2001

Striewe, Claudia: »Tiamats Töchter«, in: Medusa Iseum 2001 (http://www.diane-neisius.de/medusa/library/drachen.html)

Stuckrad, Kocku v.: Lilith, Braunschweig 2/2000

Voigt, Ziriah: Ritual und Tanz im Jahreskreis, Bonn 1997

Voss, Jutta: Das Schwarzmond-Tabu. Die kulturelle Bedeutung des weiblichen Zyklus, Stuttgart 3/1991

Walker, Barbara G.: Das geheime Wissen der Frauen, München 2/1995

Dies.: Die geheimen Symbole der Frauen, München 1997

Walser-Biffiger, Ursula: Wild und Weise. Weibsbilder aus dem Land der Berge, Aarau 1998

Weiler, Gerda: Das Matriarchat im Alten Israel, Stuttgart 1989 (Erstausgabe: Ich verwerfe im Lande die Kriege. Das verborgene Matriarchat im Alten Testament, München 1984)

Dies.: Der enteignete Mythos. Eine feministische Revision der Archetypenlehre C.G. Jungs und Erich Neumanns, Frankfurt am Main 1991

Dies.: Eros ist stärker als Gewalt. Eine feministische Anthropologie I, Frankfurt am Main 1993

Dies.: Der aufrechte Gang der Menschenfrau. Eine feministische Anthropologie II, Frankfurt am Main 1994

Dies.: Ich brauche die Göttin. Zur Kulturgeschichte eines Symbols, Königstein/Ts. 1997

Wolf, Doris: Was war vor den Pharaonen? Die Entdeckung der Urmütter Ägyptens, Zürich 1994

Woodman, Marion: Heilung und Erfüllung durch die Große Mutter. Eine psychologische Studie über den Zwang zur Perfektion und andere Suchtprobleme als Folgen ungelebter Weiblichkeit, Interlaken 2/1988

Dies.: Leben aus der Kraft der Göttin. Eine psychologische Studie über die Neugeburt des Weiblichen, Interlaken 1988

Zingsem, Vera: Göttinnen großer Kulturen, München a/1999 (Erstausgabe: Der Himmel ist mein, die Erde ist mein. Göttinnen großer Kulturen im Wandel der Zeiten, Tübingen 1995)

Dies.: Lilith. Adams erste Frau, Tübingen b/1999

Bildnachweis

Cover, o.l.: Marija Gimbutas: Die Sprache der Göttin, Frankfurt am Main 1995, S. 127

Cover, o.M.: Foto von Reinhard Saczewski

Cover, o.r.: Politeia. Weibliche Macht – Matri Arche 2007. Historischer Monatskalender, hg. vom Lehrgebiet FrauenGeschichte der Universität Bonn & Haus der Frauengeschichte hdfg, Bonn

Cover, u.l.: www.brautdeslammes.blogspot.de

Cover, u.M.: Politeia. Ursprünge – Matri Arche 2006. Historischer Monatskalender, hg. vom Lehrgebiet FrauenGeschichte der Universität Bonn & Haus der Frauengeschichte hdfg, Bonn

Cover, u.r.: © Landesmuseum Württemberg, Stuttgart, Foto von Peter Frankenstein, Hendrik Zwietasch

Abb. 1: Politeia. Weibliche Macht – Matri Arche 2007. Historischer Monatskalender, hg. vom Lehrgebiet FrauenGeschichte der Universität Bonn & Haus der Frauengeschichte hdfg, Bonn

Abb. 2: Zeichnung nach Lanier Graham: Göttinnen, München 1997, S. 157

Abb. 3: © Domkapitel Aachen, Foto: Pit Siebigs

Abb. 4: Privatbesitz

Abb. 5: Angela Monika Auerbach: Sie war umhüllt vom Duft wilder Nelken. Mein PyrenäenBuch, Rüsselsheim 2000, S. 119

Abb. 6: Patricia Monaghan: Lexikon der Göttinnen, Bern, München, Wien 1997, S. 38

Abb. 7: Zeichnung nach Knaurs Lexikon der Mythologie, München 1999, S. 520

Abb. 8: Zeichnung nach Knaurs Lexikon der Mythologie, München 1999, S. 430

Abb. 9: Politeia. Weibliche Macht – Matri Arche 2007. Historischer Monatskalender, hg. vom Lehrgebiet FrauenGeschichte der Universität Bonn & Haus der Frauengeschichte hdfg, Bonn

Abb. 10: Barbara G. Walker: Das geheime Wissen der Frauen, München 1999, S. 334

Abb. 11: Zeichnung nach Claudia Müller-Ebeling, Christian Rätsch u. Wolf-Dieter Storl: Hexenmedizin. Die Wiederentdeckung einer verbotenen Heilkunst – schamanische Traditionen in Europa, Aarau 2/1992, S. 122

Abb. 12: Zeichnung nach Knaurs Lexikon der Mythologie, München 1999, S. 191

Abb. 13: Zeichnung nach Rüdiger Becksmann: Von der Ordnung der Welt. Mittelalterliche Glasmalereien aus Esslinger Kirchen. Eine Ausstellung der Evangelischen Gesamtkirchengemeinde Esslingen am Neckar, Esslingen 1997, S. 61

Abb. 14: Politeia. Ursprünge – Matri Arche 2006. Historischer Monatskalender, hg. vom Lehrgebiet FrauenGeschichte der Universität Bonn & Haus der Frauengeschichte hdfg, Bonn

Abb. 15: © Kunsthistorisches Museum Wien

Abb. 16: Wikipedia

Abb. 17: Volkstümliches Gebetsbild aus Italien

Abb. 18: Foto von Kurt Gramer

Abb. 19: Foto von Martin Poley

Abb. 20: Monica Sjöö, Barbara Mor: Wiederkehr der Göttin. Die Religion der großen kosmischen Mutter und ihrer Vertreibung durch den Vatergott, Braunschweig 1985, S. 227

Abb. 21: Politeia. Weibliche Macht – Matri Arche 2007. Historischer Monatskalender, hg. vom Lehrgebiet FrauenGeschichte der Universität Bonn & Haus der Frauengeschichte hdfg, Bonn

Abb. 22: Politeia. Ursprünge – Matri Arche 2006. Historischer Monatskalender, hg. vom Lehrgebiet FrauenGeschichte der Universität Bonn & Haus der Frauengeschichte hdfg, Bonn

Abb. 23: Politeia. Ursprünge – Matri Arche 2006. Historischer Monatskalender, hg. vom Lehrgebiet FrauenGeschichte der Universität Bonn & Haus der Frauengeschichte hdfg, Bonn

Abb. 24: Zeichnung nach Knaurs Lexikon der Mythologie, München 1999, S. 55

Abb. 25: Foto von Reinhard Saczewski

Abb. 26: Politeia. Ursprünge – Matri Arche 2006. Historischer Monatskalender, hg. vom Lehrgebiet FrauenGeschichte der Universität Bonn & Haus der Frauengeschichte hdfg, Bonn

Abb. 27: Foto von Hassan Kharat

Abb. 28: Zeichnung nach Karl Shuker: Drachen. Mythologie – Symbolik – Geschichte, Köln 2006, S. 2f.

Abb. 29: Zeichnung nach Heidemarie Koch: Frauen und Schlangen. Geheimnisvolle Kultur der Elamer in Alt-Iran, Darmstadt 2007, S. 68

Abb. 30: Doris Wolf: Was war vor den Pharaonen? Die Entdeckung der Urmütter Ägyptens, Zürich 1994, S. 192

Abb. 31: Hugo Gressmann (Hg.): Altorientalische Texte und Bilder zum alten Testament, Tübingen 1909, Abb. 169

Abb. 32: © Musée d'Unterlinden, Colmar

Abb. 33: Zeichnung nach Karl Shuker: Drachen. Mythologie – Symbolik – Geschichte, Köln 2006, S. 9

Abb. 34: Privatbesitz

Abb. 35: aus Edith Marmon: Märchenwege – Frauenwege. Wendepunkte, Reifungskrisen und Übergänge zur weiblichen Selbstverwirklichung, Augsburg 2000, S.47

Abb. 36: www.travel-to-corfu.com

Abb. 37: Foto von Thomas Bachmann

Abb. 38: Zeichnung nach Karl Shuker: Drachen. Mythologie – Symbolik – Geschichte, Köln 2006, S. 8

Abb. 39: frei verfügbar

Abb. 40: © Landesmuseum Schloss Tirol, Foto: F.LU Crempuller

Abb. 41: Lambert Schneider: Kreta. 500 Jahre Kunst und Kultur. Minoische Paläste, byzantinische Kapellen und venezianische Stadtanlagen. DuMont Kunst-Reiseführer, Ostfildern 3/2005, S. 273

Zur Autorin

Dr. Edith Marmon, Dipl.-Päd., wurde 1948 geboren und studierte Pädagogik und Psychologie in Tübingen. Sie hat langjährige Erfahrung in der Frauenarbeit und Erziehungsberatung. Seit 1990 arbeitet sie in Lindau in ihrer eigenen psychotherapeutischen Praxis und bietet Seminare für Frauen an zur weiblichen Selbstfindung mit Hilfe von Märchen und Mythen. Ihr Schwerpunkt ist dabei das Wiederentdecken jahrhundertealten Frauenwissens durch die Entschlüsselung symbolischer Botschaften.

Veröffentlichungen: »Die erlösende Frau. Matriarchale Symbolik in Märchen«, »Märchenwege – Frauenwege. Wendepunkte, Reifungskrisen und Übergänge zur weiblichen Selbstwerdung«, »Mütter und Töchter in Märchen, Mythos und Realität«, »Die Dynamik des Glücks«, »Lebensraum Solidarität – Die Kraft der weiblichen Unterstützung«

Bücher im Umfeld aus dem Christel Göttert Verlag

ISBN 978-3-939623-04-5

Dagmar Margotsdotter-Fricke

Die gute Mär

Mutterkunde in Märchen

»*Echte Märchen, Märe, sind Geschichten aus der matriarchalen Zeit ... Dagmar Margotsdotter ... tritt eine Forschungsreise an in die frühe Zeit, als die Große Mutter noch verehrt wurde und mit ihr die Natur und alle Mütter auf Erden – wovon die Märchen Kunde gaben ...*« (www.wolfsmutter.com)

»*Auf einer Reise zurück in alte Zeiten macht uns die Autorin wieder vertraut mit versunkenem altem Frauenwissen. In einer Art Geheimsprache ist dieses Wissen noch enthalten in Märchen, das Dagmar Margotsdotter-Fricke kenntnisreich entschlüsselt. So gewinnen Märchen wie Hans im Glück, die drei Raben, die Gänsemagd oder Hänsel und Gretel eine ganz neue Bedeutung. Widerstand gegen die Durchsetzung der christlichen Ideologie spricht aus ihnen.*« (MatriaVal)

ISBN 978-3-922499-55-8

Saheta S. Weik

Mit der Drachin reisen

»*›Mit der Drachin reisen‹ beschreibt die Reise von Li-Re, der Menschenfrau, mit Ruach, der Drachin. Die enge Beziehung, die vor langer Zeit zwischen Drachinnen und Frauen bestand und die durch die zunehmenden Machtgedanken der Menschen, die Unterdrückung der Frauen und dem Vergessen der Verbundenheit von Mensch und Natur zerstört wurde, wird von Li-Re und Ruach erstmals wieder aufgenommen.*« (Österreichische HochschülerInnenschaft)

»*Es ist eine Urzeitenliebe: die Drachin liebt die Frau. Doch an was sie so schwer trägt, begreift die Drachin nicht. Die Reise zum Berg der Stimmen wird zur dreifachen Reise, denn die beiden sind auch unterwegs zum Selbst, einer Begegnung mit eigenen Ängsten, Selbstzweifeln und Sehnsüchten.*« (Rüsselsheimer Echo)

ISBN 978-3-922499-47-3

Angela Monika Auerbach

Sie war umhüllt vom Duft wilder Nelken

Mein PyrenäenBuch

»Annäherung an eine Göttin ... Im Zentrum steht eine ›FrauenStatue‹, eine ›SchlangenFrau‹, die sie im Museum entdeckt. Sie forscht nach dem Ursprung und der Bedeutung dieser Figur, aus deren Vulva sich eine Schlange zur linken Brust windet. Dabei verwebt sie kunstvoll ihre Forschungen in Quellen vor Ort und in der Literatur mit der Landschaft, Geschichte und Kultur der Pyrenäen.« (Virginia)

»Ihre Wanderungen durch die Berge sind jedoch gleichzeitig Reisen durch die Zeit, denn Auerbach ist überzeugt, dass ihre Statue einen weiblichen Schöpfungsmythos verkörpert. So nähert sie sich auf dem Weg durch die antike Vorgeschichte dem Pelasgischen Mythos von Eurynome, der Göttin aller Dinge ...« (www.vorwaerts.de)

»Ein sehr persönliches Reise-Tagebuch ... das sich auf den Weg macht zu vergessenen matriarchalen Kulten und Riten.« (Sächsische Zeitung)

ISBN 978-3-922499-23-7

Birgitta M. Schulte

Der weibliche Faden

Geschichte weitergereicht

»Die grandes dames der Urgeschichtsforschung Marija Gimbutas, Felicitas Goodman und Marie König haben uns in der Tat den Faden an die Hand gegeben für eine weibliche Sicht auf die Geschichte ... hereingeholt in die gelebte Gegenwart von Frauen.« (Virginia)

»Die Ungereimtheiten, auf die sie angesichts der Felszeichnungen und der steinernen weiblichen Idole aus der Frühzeit der Menschheit stießen, ließen sie zu den Überzeugung gelangen, dass ›am Anfang der Kultur‹ das Weibliche eine große Bedeutung gehabt haben muss.« (esotera)

»Mit vielen Hinweisen und Quellen ist das Buch auch ein Nachschlagewerk ... Für alle, die nach den Anfängen fragen, eine spannende Lektüre.« (frau & mutter)

Weitere Bücher aus dem Christel Göttert Verlag

Als alle Menschen Schwestern waren von Irene Fleiss, *Teil 1: Leben in matriarchalen Gesellschaften,* ISBN 978-3-922499-84-8; *Teil 2: Weiblichkeit in matriarchalen Gesellschaften – gestern und heute,* ISBN 978-3-922499-88-6

»Ein Blick in das Inhaltsverzeichnis müsste genügen, um die Neugier auf Lebensformen zu wecken, die das Zusammenleben der Geschlechter friedlich gestalten, Aggressionen nicht zur Zerstörung sondern zur Gestaltung nutzen, Entscheidungen gemeinsam treffen, sozial gerecht wirtschaften und die Sexualität mit respektvoller Leidenschaft erleben dürfen.« (www.wolfsmutter.com)

Was Philosophinnen über die Göttin denken von Heide Göttner-Abendroth, Marit Rullmann, Annegret Stopczyk, ISBN 978-939623-00-7

»Die scharfsichtige Kritikerin des Patriarchats Heide Göttner-Abendroth tritt in den Diskurs über die Göttin und den Göttinnenbegriff mit der Fachfrau für feministische Philosophie Marit Rullmann und der Begründerin der Leibphilosophie aus weiblicher Sicht, Annegret Stopczyk-Pfundstein …« (AEP Informationen)

Menstruation. *Von der Ohnmacht zur Macht* von Dagmar Margotsdotter-Fricke, ISBN 978-3-922499-76-3

»Sie führt uns in die Welt der Göttin und damit in eine Welt weiblicher Spiritualität, die ursprünglich mit dem weiblichen Zyklus verbunden war. Frau lernt hier ungemein viel über sich und ihren Körper und die dazugehörige Sprache.« (Christa Mulack)

Anna im Goldenen Tor. *Gegenlegende über die Mutter der Maria* von Erika Wisselinck, ISBN 978-3-939623-03-8

»Der spannende Roman beschäftigt sich mit dem alten Israel zur Zeit des Übergangs der Mutter-Religion zum einen patriarchalen Gott … Aufgezeigt werden frauenpolitische Missstände, die sich durch die neu eingeführten frauenfeindlichen Regeln der Priesterkaste ergeben …« (CO MED)

Buch der 1000 Frauen. *Das FRAUEN-GEDENK-LABYRINTH, Teil 1 und 2,* hg. von Dagmar v. Garnier, ISBN 978-3-922499-45-9, 978-3-922499-54-1

»Die Bände vermitteln eine andere Form der Geschichtsbetrachtung – persönlich, den eigenen Bezug darstellend, oft Gehörtes anders erzählend, Verschüttetes wieder zu Gehör bringend, das Erbe der Frauen bergend.« (Recklinghäuser Zeitung)

zwischen den welten. *Orte der »Hexen«-Verfolgung als Bildhauerin neu sehen* von Eva-Gesine Wegner, ISBN 978-3-922499-63-5

»Ihre Auseinandersetzung mit der Geschichte der Hexenverfolgung … entstand aus dem Impuls heraus, den Teil Geschichte der Frauenbewegung sichtbar werden zu lassen, der sich seit den 80er-Jahren für das Gedenken und die Ehrung der zigtausend durch den Hexenwahn ermordeten Menschen engagiert.« (Hagia Chora)

Lied der Selkies von Cathie Dunsford, ISBN 978-3-922499-71-8

»Was haben die alten Frauen der steinzeitlichen Siedlung Skara Brae den Seehundfrauen erzählt? Und was wollen die mythischen Wesen, die Selkies, von den jungen Frauen, die sich ... auf den Orkney-Inseln getroffen haben? ... Widerständige Frauenmythen vom Feinsten – weit entfernt von ›Esoterik ...‹« (WeiberDiwan)

Im Ballsaal der Gaia. *Tanzend eine Heimat im Körper finden* von Gabriele Fischer, ISBN 978-3-922499-77-0

»Drei Frauen, die miteinander reden – sich erinnern – miteinander aneinander reifen – reisen – nachdenken – vordenken – mitdenken – tanzen – malen – feiern – trauern. Es gibt Träume, Tagträume, Reisen in die Vergangenheit der Erde und in andere Welten, offene Fragen, persönliche und überpersönliche Erinnerungen.« (www.wolfsmutter.com)

Seiltanz. *Mit Krebs auf naturheilkundlichem Weg und in Beziehung leben* von Felicianna Rosenbusch und Kaie Haas, ISBN 978-3-939623-15-1

»Beim Thema Krebs werden viele Gefühle angesprochen ... Aber es hat mich in einer Art berührt, die mir bislang nicht bekannt war.« (Oya – anders denken, anders leben)

Ich lebe. Ich bin. *Mutter und Tochter im Schatten von sexueller Gewalt – ein Aufbruch* von Gita Iff, ISBN 978-3-939623-34-2

»Die Autorin möchte nicht nur ihre Lebensgeschichte erzählen, sondern vor allem Mut machen, dass Überlebende sexueller Gewalt zu ihrer eigenen Identität finden können.« (Kulturette)

Die Psychoanalytikerin Sabina Spielrein von Renate Höfer
ISBN 978-3-922499-41-4

»Erst durch Höfers Buch wird deutlich, welch beeindruckende Persönlichkeit und eigenständige Denkerin sie war ... Doch noch heute wird in der Geschichtsschreibung der Psychoanalyse Sabina Spielreins wissenschaftliche Leistung ignoriert – zweifellos weil dadurch ein allzu schlechtes Licht auf Freud, vor allem aber auf Jung fiele.« (Psychologie Heute)

Besuchen Sie uns im Internet. Dort finden Sie weitere Informationen über unsere Bücher aus den Programmschwerpunkten Frauengeschichte/Frauenbiografien, Matriarchatsforschung/weibliches Wissen/Spiritualität, Philosophie und Politik der Frauen, Frauenliteratur und Ratgeberinnen sowie DVDs und Videos zu heutigen Matriarchaten. Gern schicken wir Ihnen unsere Flyer zu den jeweiligen Neuerscheinungen.

www.christel-goettert-verlag.de **info@christel-goettert-verlag.de**